Christian Schüle

Deutschlandvermessung

Christian Schüle

Deutschlandvermessung

Abrechnungen
eines Mittdreißigers

Piper
München Zürich

ISBN-13: 978-3-492-04835-4
ISBN-10: 3-492-04835-8
© Piper Verlag GmbH, München 2006
Satz: Satz für Satz: Barbara Reischmann, Leutkirch
Druck und Bindung: Pustet, Regensburg
Printed in Germany

www.piper.de

»Die Welt ist eine Bühne.«
Shakespeare

Inhalt

Berliner Republik, spätmittags

Das dritte Jahrtausend hatte schon begonnen, es war an irgendeinem Wochentag, ich saß im Café Einstein Unter den Linden, Hauptstadt, Berliner Republik, bei einem späten Frühstück, als sich ein Schatten näherte. Man konnte spüren, daß sich etwas Gewichtiges ereignen würde, zwei Bodyguards gingen an meinem Tisch vorbei, sie trugen dunkelblaue Anzüge, die an den Schultern spannten. Dann sah ich zum ersten Mal diesen deutschen Hünen, an dem ich mich einst Wochen, Monate, Jahre meines jungen Lebens gerieben hatte, weil die historische Zufälligkeit meiner Geburt mich unter seinen Einfluß befördert hatte, und ich bestaunte diesen Mann, Begleiter meiner Jugend wie Vater, Mutter und Freunde, jenen Mann, dessen intellektuelle Bräsigkeit wir, die Alters- und Gedankengenossen, verabscheut, dessen deutsche Provinzialität wir verlacht, den wir imitiert und als Paradeparodiefigur für heiterste Feten-Abende mißbraucht hatten; der, kurzum, für meine Sozialisation so wichtig war wie mein Geschichtslehrer.

Er kam also an mir vorbei, und in der Tat füllte er den gesamten Luftraum des Cafés mit seiner wuchtigen Präsenz. Er setzte sich mir schräg gegenüber, verstaute artig die Beine unter dem Tisch (man sah weiße, unbehaarte Haut zwischen Hosensaum und Sockenende), nahm die Karte und bat die Servicekraft um eine Rindklößchensuppe. Eine solche, be-

9

schied sie bedauernd, sei just heute nicht zu haben, woraufhin sich der Mann, den ich immer als ungeduldig, schroff und uncharmant wahrgenommen hatte, geduldig beraten ließ und ohne größeren Aufwand an Auserwähltheit etwas durchaus Vergleichbares aussuchte, die Servicekraft jedenfalls bei der Bestellung anlächelte.

Ich versuchte, ihn gekonnt unauffällig anzusehen, und spürte die ganze ausrangierte Macht, die in diesem Moment in ihm lebendig wurde, die stillgelegte, schiere Größe dieser Figur, und in einem Nu wurde mir klar, daß man diesem Mann nicht widerspricht, und ich verstand, daß die Fernsehfrager der ARD-Brennpunkte und ZDF-Kreuzfeuer versagen mußten bei ihrem Versuch, ihn auch nur annähernd zu vermessen.

Es war irgendwann im dritten Jahrtausend, spätmittags, als sich meine Jugend vollendete. Es war der Augenblick, da ich Helmut Kohl begegnete. Ich war kurz über Dreißig und bereit, ihm alles zu verzeihen, so sehr rührte mich die zarte Magie dieser Begegnung an; ja, es war, als ob in diesem Moment, in dem ich *meinen* Kanzler in Spürweite hatte, all das gegen ihn gerichtete politische Pathos meiner Jugend von merkwürdigen Kräften ins Absurde geführt wurde. Von da an gab es kein Entkommen mehr aus der sich immer fester zurrenden Vorstellung, daß ich trotz allen Trotzes ein sehr deutsches Kind bin, ein Günstling des Vaterländers Helmut Kohl, der ohne weiteres begann, eine Karottensuppe zu löffeln, und das höchst manierlich.

Dies sind die Aufzeichnungen eines alles in allem wohlbehütet aufgewachsenen westdeutschen Bürgers in Sorge um sein

Heimatland. Er nistet in der Neuen Mitte, entstammt der Mittelschicht und weiß, daß es in Kürze an ihm und seinen Altersgenossen ist, die begrifflose Republik in den Griff zu nehmen. Deswegen ist es gut und billig, Auskunft zu geben über die eigene Mentalität, die geistige, moralische und seelische Verfassung, das Staats- und Nationenverständnis, das Geschichtsverhältnis und den Begriff des Politischen, was durchaus mehr Reflexion erfordern könnte, als die hinreißend unbekümmerte Selbstbeschreibung einer golffahrenden oder golfspielenden Generation mit Ralph-Lauren-Hemd und New-Balance-Sportschuhen zu leisten bereit ist.

Der Verfasser dieser Ab- und Aufrechnungen gedieh zwischen barocker Jugendlust und republikanischer Fürsorglichkeit in der badenwürttembergischen Idylle, und das unter dem Verdacht auf glückliche Fügung, an diesem Ort, in diesem Land, zu dieser Zeit leben zu dürfen. Er spricht allein für sich und hofft, die Befindlichkeit einer Kohorte zu treffen. Überzeugt ist er davon, daß in diesen Tagen nichts törichter, sinnentleerter und geistig verheerender ist als abermals eine »Generation« auszurufen. Die Inflationierung der Generationen beweist ja geradezu ihre Wertlosigkeit. Für naheliegende Kategorisierungen ist die Wirklichkeit zu kompliziert, und gerade die Genügsamkeit des Geistes der Gegenwart zeigt, daß es gültige Übereinkünfte immer weniger gibt, weswegen hier nicht von einer Generation im Generationensinne, sondern von Zöglingen einer Erlebnisepoche gesprochen wird.

Sie, die Zöglinge der geistig-moralischen, in saturiertem Konservatismus verankerten Wendezeit der Episode Kohl arbeiten an einem neuen Epos. Sie müssen sich selbst erfinden, selbst verhandeln und neue Mythen schaffen. Gleich vorweg: Gewohnten Staat zu machen ist mit ihnen schwer. Es ist mehr im Busch. Eine Art Vertreibung aus dem Paradies.

Sie. Das sind die ersten arbeitslosen Akademiker auf Sozialhilfe. Es sind die Opfer der Erosion des Sozialstaats. Sie erleben die Sackgassentristesse der Wohlfahrt. Sie haben ein entseeltes Verhältnis zum Holocaust. Sie leben aus der Situation und ohne Perspektive. Sie denken vernetzt und sind einsam. Sie haben keinen Gott und keine Götzen. Sie gehen auf Sinnsuche und finden Sinn in Autoritäten. Sie sind gedemütigte Hedonisten und haltungslose Wechselwähler. Sie tasten sich voran. Sie sind jene, die sich aufmachen, Deutschland in seiner verlorengegangenen Zukunft zu gestalten. Sie sind der erwachsen gewordene Nachwuchs, die ernüchterten Zöglinge der Wohlstandsrepublik.

Sie sind, mit Verlaub, die Verantwortlichen von morgen.

Die Zukunft ist gar nicht entfallen. Entfallen ist das alte Gehäuse. Jetzt gibt es offene Räume statt Reihenhäuser. Lofts statt Kemenaten. Salons statt Hörsäle. Die Verachtung der Gegenwart kann sich kein Gegenwärtiger mehr leisten. Eine kulturelle Evolution hat stattgefunden im digitalen Raum, und sie, ihre flügge gewordenen Zöglinge, müssen die neue Zeichensprache anzuwenden lernen. Sie sind zur Selbsterfindung und zum Selbstverhältnis gezwungen. Sie sind aus Depression und Erschöpfungsschlaf erwacht. Sie irren umher in einem unbekannten Koordinatensystem. Sie sind unterwegs und noch lange nicht angekommen. Der Mensch ist noch nicht abgeschafft. Das ist ihre Hoffnung.

Natürlich kann ich hier nur von mir reden und mein kleines Ich als Chiffre für das große WIR anbieten, was es dem Leser erleichtern wird, da sonst die Subjekte durcheinanderwirbeln. Und schon hier, gleich zu Beginn, werden die Vertreter der deutschen Negationskultur Einspruch erheben und sagen: Moment, so geht das ja nicht! Das ist doch unsauber! Das ist typisch für diese Nachkömmlinge ohne Engagement, Moral und Werte! Das ist doch hochgradig vermessen!

Exakt. Jeder Studie im offenen Feld liegt die Vermessenheit des Meßtechnikers zugrunde. Allzu unbeeindruckt legt er seine Navigationsinstrumente an und notiert, was er finden kann: Verortungen, Achsen, Rückräume, Wendekreise und Pfade einer verrückten Republik. Auf andere Meinungen nimmt er natürlich keine Rücksicht.

Käme er sonst je ans Ziel?

In jenen Tagen

Licht gab es genug, es war hell, abends kamen die Mücken. Die Eltern tranken Riesling, und die Laune war gut. Wir waren umhegt von Mütterlichkeit und fest verwachsen im Boden des Vaterlands, vielleicht bauten wir Baumhäuser, jedenfalls war das Leben unbeschwert. Es geschah im Sommer der Achtziger, daß nichts geschah. Natürlich aßen wir Nutella, Milchreis von Müller und tranken Capri-Sonne, und die ersten Popper in Karottenhosen und mit Goldkettchen begannen, sich mit ausrasiertem Nacken, Fönwellentolle und vor dem Wandspiegel frisch einstudierter Coolness zu präsentieren, während wir unsere Fahrräder vorm Eiscafé parkten und irgendeiner von seinem holpernden Walkman den typischen Mix abdudelte: »Ich geb' Gas, ich will Spaß«, »99 Luftballons«, »*Wake me up before you go*«. Die Bands der Stunde hießen Wham, Pet Shop Boys und Roxy Music. Es ist unerheblich, auf weitere Modeaccessoires zu blicken, denn die Mode war, rückwirkend betrachtet, so horribel wie der musikalische Feinsinn von Modern Talking, die die Seichtheit und naive Gegenwartsgefälligkeit jener Tage auf den künstlich gemischten Ton brachten. Der Synthesizer war das Instrument unserer Jugend, und er ist das Symbol unserer geistigen Sozialisation: die Auflösung des Ganzen, des entschiedenen, schöpferischen Wurfs, das Mischen, Sampeln, Verschieben, das Ziselieren und Fisseln, das Ausschneiden und Wiedereinfügen der Apfel+X-und-Apfel+V-Tasten-Kultur des Computerzeitalters.

Unübersehbar war der pubertäre Stolz jener, die die ersten Hawaiihemden spazierenführten, wie Tom Selleck es in »Magnum« exerzierte, und wenig später sah sich der eine oder andere durchaus bemüßigt, die Frisur von Don Johnson zu tragen, und imitierte den Miami-Vice-Look mit pastellfarbenen T-Shirts und Rundausschnitt (und das, obwohl die italienischen Übertreibungskünstler Dolce und Gabbana just zu dieser Zeit in einer kleinen Wohnung begannen, ihr eklektisches Stil-Imperium aus Pop und Pomp aufzubauen).

Die älteren Brüder und Schwestern der Klassenkameraden machten sich auf zum BWL-Studium oder zum ersten Semester der Kommunikationswissenschaft oder Wirtschaftsinformatik, und schon daran konnte man sehen, daß, noch sehr zaghaft, aber bestimmt, der digital-mediale Kapitalismus hereinbrach, dem man später den Namen »Kommunikationsgesellschaft« geben würde.

Es bildete sich die Kultur einer wohlsituierten Jugend aus, die nicht gegen den bekömmlichen Strich bürstete, sondern lieber fast ein wenig zu gleichgültig das Bestehende annahm und die Chancen der Angepaßtheit meist clever nutzte. Daß manche in College-Schuhen und Slippern rumliefen und in unendlicher Eitelkeit einen Kaschmirschal trugen, war dem Geist der Zeit geschuldet, der sich vornehmlich mit sich selbst beschäftigte. Jedenfalls verabschiedete sie den englischsprachigen Protest-Rock und die gradlinige Sozialromantik aus der Betroffenheits-Ära des »Hotel California«, und für sie gab es weder die »Frauenfrage« noch das agitatorisch veranlagte Bessere-Welt-Pathos, das die »K-Gruppen«

der siebziger Jahre, der Kommunistische Bund an vorderster Front, mit Verve in die gesellschaftliche Waagschale geworfen hatten. Karriereplanung war müßig, die des Lebens ebenso. Wenn man überhaupt an die Zukunft dachte, so tat man es in der wonnigen Wachheit, die Welt liege einem zu Füßen. Warum sollte etwas geplant oder entworfen werden? Und warum sollte man an verwirklichten Träumen etwas verbessern?

In jenen Tagen: Wie das klingt! Wie eine autobiographische Rückschau auf ein vom Schicksal gerade kurz gestreiftes Leben; durchaus typisch für einen der Dreißigjährigen von heute, daß er sein kleines Leben zum Maßstab der Welt nimmt und am liebsten Nabelschau betreibt, und natürlich ist es auch ein bißchen deutsch, geretteter Rest des romantischen Kulturerbes von vor zweihundert Jahren, als das empfindende Subjekt Zentrum des Universums war.

Die Dreißigjährigen wuchsen auf, als der Wohlstand prachtvoll blühte und es nichts gab außer Zuversicht, was keineswegs auf die konservativ-liberale Kohliade zurückzuführen ist, deren gemächlicher Ackerpflege die Republik sowohl neues Selbstvertrauen als auch ihre spätere Gelähmtheit verdankte. Wo immer sie hinkamen – der Markt war schon da. Der Markt beantwortete alles. Er regelte alles. Er war Vaterland und Mutterstaat. Er nahm alle an der Hand. Wir waren Kinder seiner Warenwelt. Die Warenwelt ist eine Welt der Privatisierung des Öffentlichen. Alles wurde Marketing, Kultur begann sich zu kommerzialisieren, und irgendwann war der Kommerz Kultur geworden und Marken wie Nike, Coke, Ikea und Benetton ein Wert an und für sich, mit dem man nicht allein Produkte, sondern vor allem eine Lebenswelt verkaufte. Das Leben als lukratives Label. Grundsatzfragen stellte man sich nicht (stellte man sich überhaupt Fragen?).

Genau zu dieser Zeit entstand die große, breite, süffig schlingende *Neue Mitte* und nahm ungestört Anlauf, das zu werden, was man heute »Konsensgesellschaft« nennt und zu einer (für eine Demokratie im übrigen waghalsigen) jedenfalls unvorstellbaren Kantenlosigkeit wie zu einem großen Fatalismus geführt hat, da man Konsens mit Konsum gleichsetzen könnte und kein Mensch gegen den Konsum aufbegehrt, solange man sich von ihm verzaubern lassen kann.

Konsumstil wurde Lebensstil. Man klebte nicht an Ideen. Man klebte an Dingen. Wer, wie ein Jugendfreund, zwei Snowboards der ersten Generation zur Auswahl hatte und sich partout nicht entscheiden mochte, der bekam eben beide. Papa zahlte. Man lebte in einer materialistischen Kultur. Am achtzehnten Geburtstag stand ein neuer Opel Corsa vor der Tür. Oder ein gebrauchter Peugeot. Oder Mamas kaum gefahrener Fiat. Oder eine Vespa.

Wir sind die erste Kohorte der Bundesrepublik, die von keinerlei ideologischen Scharmützeln in der Selbstentfaltung gestört und mit keinerlei existentiellem Leidensdruck belastet war, gebettet auf leichtfüßige Gewißheit, groß geworden mit dem Verdacht auf ewiges Wachstum, gutbezahlte Arbeitsplätze, soziale Sicherheit, Demokratie, Frieden und Freiheit, und all das in maßloser Zwangsläufigkeit.

Grenzen gab es keine, außer denen, um zehn Uhr abends im Haus sein zu müssen, nicht unentschuldigt im Unterricht zu fehlen und den sozial-föderalen Rechtsstaat nicht in Frage zu stellen. Schule und Staat spielten keine allzugroße Rolle, warum sollten sie auch, um das Morgen oder Übermorgen mußte niemandem bang sein, und das Abitur war ohnehin gut zu meistern, selbst im, wie es gern heißt, leistungssensiblen Süddeutschland. Das kommende Studium war eine Selbstverständlichkeit, Mama und Papa würden dafür aufkommen, freilich, und wenn nicht die Eltern, so gab es Bafög, aufs System war Verlaß, kaum jemand sorgte sich um die Finanzierung seiner Biographie. Und so kam es, daß später so gut wie alle Kameradinnen und Kameraden in die angesagten, weil lebenswerten Studienstädte zogen – Freiburg, Tübingen, München, Berlin –, irgendwann das Physikum absolvierten, über Katalysatoren diplomierten oder über Genderpolitik promovierten und sich also wissenschaftlich den unterschiedlichen Bedingungen von Frau und Mann samt den daraus resultierenden politischen Konsequenzen zuwandten.

Unsere Eltern waren Achtundsechziger, nicht die berühmten, vom konservativen Bürgertum verachteten, zu zweifelhaften Ehren gekommenen, die in Berlin oder Frankfurt auf die Straßen gingen, den Vätern schäumend die Gretchenfrage stellten, zivilen Ungehorsam predigten, Pflastersteine warfen und behornbrillte Professoren anspuckten. Es waren die gewöhnlichen, die langweiligen Achtundsechziger, die bürgerlichen Nachkriegszeitkinder, die ihrem Nachwuchs die eigenen Entbehrungen ersparen und dem Sohn und der Tochter ein nahezu perfektes Leben ermöglichen wollten. Sie hatten John F. Kennedy bejubelt, für Willy Brandt geschwärmt und sympathisierten, irgendwie, mit den gerade gegründeten Grünen, und wenn sie nicht grün wählten, so wählten sie die CDU, und niemand hatte das Gefühl, der Vater wäre damit verbohrt, gar untragbar geworden oder in der Clique nicht mehr vorzeigbar.

Unsere Eltern, die zu »*Satisfaction*« und den Songs der Beach Boys tanzten und uns, unter einem süßen Lächeln, zu irgendeinem Weihnachten ihre alten Fünfundvierziger-Platten schenkten, »*Good vibrations*«, hatten geheiratet, weil man eben heiratete, wenn das Kind unterwegs war. Die Ehe Ende der Sechziger war keine moralische Angelegenheit, eher eine Art bürgerliche Schicksalsgemeinschaft auf Treu und Verderb, und unsere alten Herren rebellierten still gegen ihre eigenen Mütter, die jeden Samstag um vier mit dem Haarnetz in die Badewanne stiegen, und meist war es eine inwendige Revolte, indem sie sich einfach entzogen, von den pädagogischen Prinzipien der Züchtung und Züchtigung abwandten und die antiautoritäre Variante anwandten. Sie ließen Motörhead ebenso gelten wie Elvis und Frankieboy und überraschten mit dem eilfertigen Bekenntnis zu Depeche Mode und Status quo, was, nach ästhetischer Lage der Dinge, entweder auf ein Höchstmaß an heute unbegreiflicher Toleranz zurückzuführen ist oder ein Ausdruck großer Liebe war.

WIR brauchten keine Leitbilder. WIR hatten keinen Grund, gegen unsere Eltern zu rebellieren. WIR wuchsen auf im Bewußtsein einer, wie es der große Aufklärer Leibniz gesagt hätte, prästabilierten Harmonie der besten aller Welten: Selbstverständlich gingen die Uhren richtig. WIR standen im Einklang mit der Welt. Nichts konnte UNSER Weltvertrauen erschüttern, wenn wir, mit der Veräußerung exzessiver Lebensfreude, die man Hedonismus nannte, beschäftigt, über-

haupt ein Bild von der Welt hatten, will sagen: vom bundesrepublikanischen Märchen eines sozial geeinten, demokratisch fundierten, in christlichem Humus wurzelnden Landes. Ein Märchen, das im übrigen spielend verfing, weil seine
Segnungen schlicht vorausgesetzt und nicht reflektiert wurden, und auch wenn sie es nicht wußten, so spürten die Kinder jener Tage ein gewisses Heilsvertrauen in dieses Land,
das irgendwie ihres war und irgendwie zu klein für den
globalen Lifestyle, der Hauch für Hauch einzuschweben begann, was für ihre psychosoziale Genese von erheblicher Prägung sein würde.

WIR heute Dreißigjährigen, die im Wohlstandsjahrzehnt
von 1980 bis 1990 kulturell sozialisiert wurden, sahen »Dal-
las«, »Denver Clan« und »Wetten, dass«, erlebten die unauf-
haltsame Amalgamierung von Hoch-, Tief- und Subkultur,
von konservativem Kapitalismus und Börsengläubigkeit, ewiger Jugendlichkeit und ungehinderter Selbstverwirklichung,
und in dem Maße, in dem die rheinische Moderne sich selbst
revidierte, brach, mit zwanzigjähriger Verspätung aus Amerika kommend, endgültig die Popkultur mit ihren program-
matischen Nivellierungen herein, und von da ab war nichts
mehr unmöglich, es begann die neue Herrschaftsstruktur
des *anything goes*, die Ära von Patchwork und Coolness und
den neoliberalen Versuchen und Varianten des Rückzugs aus
allen öffentlichen Diskursen über Staat und Vernunft.

1985 ist UNSER Jahr. Für unsere soziokulturelle Prägung ist
es von entscheidender Bedeutung. Das Jahr 1985 markiert
einen Paradigmenwechsel in Deutschland. Ein Paradigma
ist, was den Mitgliedern einer Gemeinschaft gemeinsam ist,

anders gesagt: die Matrix einer Gemeinschaft, die über bestimmte Symbole zu codieren und decodieren ist. Wenn das Paradigma wechselt, entsteht etwas Neues oder, andersherum: Die Entstehung des Neuen zeigt einen Paradigmenwechsel an. Alle herkömmlich gewebten Muster sozialer Verständigung wurden damals hinterfragt, manche eliminiert, andere ersetzt in einer neuen Signatur.

1985 ließ der kritische, zersetzende Aufklärungsdruck aus der Achtundsechziger-Zeit nach. Es begann die Vorherrschaft des Boulevards, und es begannen die Schmiedearbeiten an neuen deutschen Helden und Mythen. Es begann die Forderung nach dem »flexiblen Menschen« und nach höchster Mobilität, es begann die rasante Entwicklung der Gentechnologie und mit ihr das Muster einer »neuen« Spezies der Gattung Homo sapiens sapiens als einer weitgehend entspiritualisierten DNS-Maschine. Es begann ein vornehmlich materialistisches Weltverständnis, in dem Wert nur hat, was sich zählen, messen und optimieren läßt. Mit diesem Naturalismus änderte sich auch die Sicht auf das Normengefüge: biologische oder gentechnische Maßstäbe suspendierten soziale, etwa im Sorge- und Adoptionsrecht; vor Gericht wurde meßbare Abstammung wichtiger als geistige Zuwendung. Mit der Reproduktionstechnologie zog der Glaube an ewige Jugend, machbare Schönheit und die Abschaffung des Alters ein (das durch medizintechnische Fortschritte paradoxerweise immer stärker zunimmt). Heil verstand man als Heilung; Gentechnik half dem Menschen, seinen Unsterblichkeitstraum in die Tat umzusetzen. Man konnte das Leid aus dem Leben verbannen, und die großen alten Erzählungen von Gott und Gnade, denen die Menschen bisher gelauscht hatten, verschwanden in dem Maße, in dem der Mensch sich selbst in die Lage versetzte, am eigenen Erbgut Veränderungen vorzunehmen und Träume einer neuen Gattung auszubilden.

Kurzum: Um 1985 begann die sogenannte Postmoderne.

Es war ein Leben mit und in den vielfältigsten Möglichkeiten; ein Leben in der Wahl; ein Leben, an das der Auftrag gestellt wurde, mit dem neuen Maß an Freiheit umgehen zu lernen, ohne daß den einzelnen religiöse oder moralische Erziehung oder ein ideologisches Dogma fremdbestimmen könnten. Diese Freiheit auszuhalten wurde zu einer Form von Lebenskunst. Deshalb sind WIR, gewissermaßen, Künstler. Autopoeten. Psychonauten auf der Reise durch den Kosmos der Möglichkeiten. Im Prinzip jedenfalls eine neue Subspezies des Deutschlandbürgers. Vielleicht haben WIR als erste Sartres Satz begriffen, der Mensch könne gar nicht anders, als sich selbst zu verwirklichen, da er zur Freiheit verurteilt sei.

Es war schließlich zu jener Zeit en vogue, das Ende von allem zu verkünden und mit dem Ende des Endes wieder einen neuen Anfang zu setzen, was jedesmal auf die Sprengung der Geschichte in zwei Hälften deutet, auf ein *Vor* und ein *Danach*. Mit uns kam das »Post«. Wir sind die Kinder des *Danach*: des Postindustriellen, des Posthistorischen, des Postmoralischen, des Postmetaphysischen.

Postindustriell war der Eintritt in die Epoche der Dienstleistungs- und Informationsgesellschaft und ihres digitalisierten, auf elektronischer Datenverarbeitung basierenden Kapitalismus, in die Virtualität der Geldströme und Computernetzwerke der New Economy.

Postmoralisch war der Zerfall der allgemeinverbindlichen Normen durch ihre Pluralisierung, die Lösung von ethischen Wertvorstellungen in einer Gesellschaftsform, die sich eine Kommerzkultur leistete, in der Marken zu Götzen und Logos zu Ikonen wurden. Nichts galt mehr, weil alles galt.

Postmetaphysisch war der Fall der religiösen oder moralischen Gewißheiten, der Einsturz des metaphysischen Obdachs, das alle unter sich versammelt: Glauben wurde Privatsache und Sinnsuche Volkssport.

Posthistorisch war die Einsicht, daß, geschichtsphilosophisch gesprochen, die lineare und analog verfaßte Geschichte an ihr Ende gekommen sei, weil die in ihr angelegten Entfaltungsmöglichkeiten ausgeschöpft waren. Die herkömmliche Gesellschaft war kulturell erschöpft.

Das »Postieren« einer neuen Epoche war intellektuelle Mode und hatte einiges für sich. Es ging ja nicht darum, etwas zu überwinden oder ins Archiv der ausgebluteten Ideen zu verfrachten. Natürlich blieben die Errungenschaften der klassischen Moderne, die Idee des Fortschritts durch Vernunft, die marktwirtschaftlich organisierte Güter- und Warenproduktion und das Fortlaufen der Geschichte bestehen. Aber es sollten, auf dem Errungenen aufbauend, im Bisherigen wurzelnd, das Herkömmliche schätzend, die aus ihnen resultierenden Defekte korrigiert und das System *geistig* reformiert werden. Das bedeutete, ein Leben in Verschiedenheit zu führen: die vielfältigen, unterschiedlichen, differenzierten Seins- und Weltentwürfe als nebeneinander gleichberechtigt anzuerkennen ohne jeden Anspruch auf absolute Wahrheit *eines* Entwurfs, weil dieser Absolutheitsanspruch sich in einer ständig ausdifferenzierenden Welt nicht mehr rechtfertigen ließ. An diesem Punkt setzt im übrigen stets die Kritik an: Ein Leben in der Wahl und Mehrdeutigkeit sei ein Leben in Beliebigkeit, ein Leben ohne Wahrheit, eines ohne Sinn.

WIR sehen es genau andersherum: Der einzige Sinn, der nach den Abrißarbeiten der großen abendländischen Erzählungen und Mythen von Freiheit, Europa, der Allmacht des Verstandes und der Generationensolidarität bleibt, ist die Freiheit, wählen zu dürfen. Wenn ein kurzes Wort aus dem akademischen Zusammenhang gestattet ist, so sind WIR die Kuckuckskinder des sogenannten Poststrukturalismus, jener vornehmlich französischen Denkschule, die seit den sechziger Jahren gegen alle Totalitäten, gegen jede heilige Ganzheit und Ausschließlichkeit und für die Differenz und das Unstimmige, für das Andere und Heterogene plädiert hat.

Definieren wir sauber und nach wissenschaftlichen Standards, so bedeutet *Generation* eine von der Geschichte in einem bestimmten Abschnitt formierte Kohorte von Trägern gleichen Bewußtseins, die ihre Spuren in Kultur und Politik hinterlassen. Ein handelndes Bewußtseinskollektiv also, das zwischen *Double-income-no-kids*-Mentalität und *Double-kids-no-income*-Realität steckt, zwischen Singlelust und Singlefrust, Geburtenrückgang und Kinderlosigkeit, Yuppietum und Sozialhilfe, Narzißmus und narzißtischer Kränkung. Unsere Identität ist eine gespaltene. Vielleicht haben wir gar keine eindeutig verortbare mehr. Vielleicht können wir keine stimmige, runde, abgeschlossene Geschichte von uns mehr erzählen und also keine neue Erzählung schreiben. Wir wissen nur eines: Jeder ist seines Glückes Schmied. Jeder ist seine Ich-AG mit beschränkter Haftung für die entzauberte Gemeinschaft.

Das Jahr 1985 also ist der Gründungsmythos einer Kohorte, die anders denkt und handelt. Sie denkt horizontal, will sagen pluralistisch. Vertikal, will sagen hierarchisch, denkt sie nicht. 1985 ist das Jahr, um das herum sich das duale Rundfunksystem zu etablieren begann und mit ihm die Trivialität des Totalboulevards; das Jahr, als der spätere Außenminister Fischer sich mit weißen (natürlich Nike-)Turnschuhen, krawatten- (und also traditions-)los als hessischer Umweltminister vereidigen ließ und der französische Philosoph Jean-François Lyotard unter Bezug auf eine neue Formsprache in der Architektur mit »postmodern« den Begriff einer Epoche prägen sollte, der alles *Danach* in sich trägt. In der Architektur hieß postmodern seit Ende der siebziger Jahre, daß neues Bauen gerne reich an Widersprüchen sein dürfe, voller Anspielungen auf die vielseitige Geschichte und ihre völlig verschiedenen Formen oder, anders gesagt: eine Abkehr vom Purismus der Moderne, vom alten Grundsatz *Weniger ist mehr* zugunsten des neuen Grundsatzes *Erlaubt ist, was gefällt*. Auf die ganze Gesellschaft in ständiger Veränderung und Beschleunigung, auf ein neues Wirklichkeitsverständnis bezogen, hieß das vor allem eines: Nichts bleibt, wie es ist.

Die Gattung der ICHlinge

Ich werde von nun an keine Scheu mehr haben, schamlos von mir und über mein geltungssüchtiges ICH zu reden. Schamlosigkeit ist eine meiner Tugenden, Geltungssucht eine unserer aufgezwungenen Eigenschaften. Ich empfinde Scham, wann *ich* es für richtig halte. Also rede ich ohne Skrupel vor dem Vorwurf anstandsloser Selbstgefälligkeit im ICH, um gleich klarzumachen, daß es ein allgemeines WIR nicht mehr gibt. Die größte Errungenschaft meiner Generation ist die Subjektivität (die ohnehin mehr ein Geschenk ist; errungen wurde sie von unseren Vorfahren und ihren Philosophen).

Seit 1985 sind Umrisse der Architektur einer neuen Identität zu besichtigen: die Gattung der ICHlinge. Das ICH steht in kapitalen Lettern, weil es als Begriff über dem Subjekt Ich steht und als Einheit aller subjektiven Erfahrungen in der Alltagswelt begriffen wird.

Ich bin ein ICHling. Bezugsraum meiner Wahrnehmung bin ich allein. Ein ICHling ist ein in der späten, also postindustriellen, postmetaphysischen, posthistorischen Moderne sozialisierter Vertreter der Individualisierung. Seine Schlachtrufe lauten: Selbstbestimmung! Und Selbstentfaltung! Unbedingte. Bedingungslose. Selbstbestimmung hieß für uns Verwirklichung unserer selbst um beinahe jeden Preis; die Übersetzung unseres Selbst in die Wirklichkeit, die wir nach unserem Gusto konstruierten. Eine Idee, ein Ideal brauchten wir nicht. WIR waren unsere Idee.

Der ICHling ist Teilnehmer mehrerer Gesellschaftsarten. Grundsätzlich ist »Gesellschaft« für ihn plural verfaßt, demokratisch und offen. Der pluralistisch denkende, demokratisch lebende ICHling ist aufgewachsen in der, wie der Soziologe Ulrich Beck sie nannte, »Risikogesellschaft«, ohne daß er sich eines Risikos bewußt war. Mit seiner Lebensart ist er die treibende Kraft der sogenannten »Multioptionsgesellschaft«, ohne daß ihm der Widerstreit gegensätzlicher Optionen zum Problem geworden wäre. Schließlich ist er ein Vertreter der »Erlebnisgesellschaft«, ohne daß er heute noch größere Lust am Erlebnis verspürte, weil Erlebnisse inflationär vorhanden sind und Inflation Wertlosigkeit schafft. Nicht nur in monetären Angelegenheiten. Auch in mentalen.

WIR sind die ersten, die völlig kriegsschadenfrei aufgewachsen sind oder, so gesagt: die in der Idylle des totalen Friedens lebten. Der Erste Weltkrieg stellte eine Zäsur dar, die eine verbindliche Erlebnisgemeinschaft bildete, der Zweite erst recht. Die Nachkriegsrepublik, die bis Mitte der achtziger Jahre reichte, brachte Richtungskämpfe hervor, die sich indirekt und direkt mit den Wirkungen des Krieges auseinandersetzten, der als Bezugspunkt stets im Zentrum stand. So ließe sich gut und gerne eine Ahnengalerie des deutschen Wir-Gefühls entwerfen: das Anti-Frankreich-Wir von 1914, das Lebensraum-Wir von 1939, das Flakhelfer-Wir um 1942, das Wirtschaftswunder-Wir um 1955, das Achtundsechziger-Wir.

Schließlich das ICHlings-WIR.

Die Achtundsechziger waren, neben den üblichen Spießern aus patriarchalisch verfaßten Großfamilien oder den braven Mitläufern, »Spontis«. Ihre Prinzipien hießen Aktion und Agitation, ihre historische Leistung war die Öffnung und Entmilitarisierung der Republik, die Adelung des Ausgeflippten, Unerwarteten zum Kultur- und dann Gesellschaftsgut. Sie wollten Bürgerrechte für alle und wagten mehr Demokratie und verstanden dieses Wagnis als Tugend des Alltags. Die in ihrem Dunstkreis folgenden kleineren Geschwister, die Achtundsiebziger, waren WG-erfahrene »Apathiker«, gefangen in Achtundsechziger-Illusionen und pädagogischen Träumen, in Diskussionen über Antiatomkundgebungen, alternative Erziehungsstile, über Kinderläden, Umwelt, Frauenbewegung und Frieden als Wertkonstanten; ihre Jugendlichkeit sollte ewig sein, die Welt schien sie nicht zu brauchen, sie waren die ernüchterten »No future«-Kinder, und ihr Verdienst war, im richtigen Moment moralisch zu ermatten und nichts Revolutionäres getan zu haben.

Die ICHlinge dagegen sind »Ratlose«, haltfrei schwirrend im globalen Netz, gezwungen zum selbst ergriffenen Leben, das eigene Sein als Projekt und work in progress. Sie denken Fortschritt nicht als Werturteil, sondern als Richtung. WIR halten uns nie für vollkommen, sind erst tätig am Internationalen Seegerichtshof, dann bei den »tagesthemen«, bilden uns schließlich weiter zum PR-Berater und arbeiten als Illustratoren und sind dann gerade 31. Alles ist offen. Geschlossene Entwürfe sind erstens nicht mehr möglich und zweitens nicht mehr denkbar. WIR sind ratlos, weil keine inhaltlichen Kriterien mehr zur Verfügung stehen, das Relevante vom Irrelevanten zu scheiden. Die Behauptung hat jedwede Authentizität ersetzt. Das Subjekt hat kein Zentrum mehr. Es ist mehrdeutig, seine Identität verschiebbar. Gebunden ist es nur an sich selbst, obwohl es sein Selbst nicht kennt. Von einem Subjekt im klassischen Sinne kann also keine Rede mehr sein.

Ab 1985 gab es außer dem wohlfahrtsstaatlich abgesicherten Hedonismus keine einheitsstiftenden Ereignisse mehr, weil zu viele Erlebnismöglichkeiten miteinander konkurrierten, deren Verwirklichungen zu viele divergierende Verhaltensmuster hervorriefen.

Von da an war es ein Leben im Konjunktiv. Unbedingt war gar nichts. Alles hatte seine Bedingungen. Paßten die nicht, stand die nächste Option schon an. Gültige Übereinkünfte – verbindliche Redewendungen, Eindeutigkeiten also – gab es nicht mehr. Alles war Interpretation geworden. Freies Spiel der Einbildungskraft. Sprachspiel.

Sagen wir es so: WIR sind eine Ansammlung von ICHlingen zwischen dreißig und vierzig, die sich ständig selbst zu entwerfen genötigt sehen. Im ICH sammeln sich Sehnsüchte und Bedürfnisse. Das ICH ist die Chiffre für den Lebensentwurf in der späten Moderne, die seit zwanzig Jahren eine Evolution durchläuft. Jeder ICHling lebt das Projekt seines eigenen, legitimen Lebensentwurfs. Millionen von gleichrangigen Lebensentwürfen koexistieren ohne Anspruch auf Allgemeingültigkeit. Mögliche Kampfgehege sind ausdemokratisiert, entschärft durch verfassungsrechtlich regulierte Anerkennung, zerflossen im freundlichen Konsens, der nichts anderes zum Ausdruck bringt, als daß er keinen inhaltlichen Ausdruck hat.

Die heute Dreißigjährigen sind das erste Kollektiv in Deutschland, das den Pluralismus lebt und verkörpert: den religiösen, ästhetischen, politischen, lebensweltlichen, philosophischen. Durch Gleichrangigkeit ihrer disparaten Werte, Vorstellungen und Entwürfe entsteht letztlich aber auch Gleichgültigkeit. Durch Gleich-Gültigkeit Geltungslosigkeit.

Geltungslosigkeit ist der ideale Kitt für die Konsensgesellschaft. Nichts könnte jene verabsolutierte Relativität besser illustrieren als die Antwort des postmodernen ICHlings Noel Gallagher, Sänger der englischen Brit-Pop-Band Oasis, kürzlich in einem Interview:

»Sie haben mal gesagt, man könne nicht Rock 'n' Roll sein, wenn man älter als 30 sei. Heute sind Sie 38.«

»Stimmt, das habe ich mal gesagt. Aber ich habe den Satz jetzt einfach geändert. Es heißt jetzt: Du kannst nicht Rock 'n' Roll sein, wenn du älter bist als 45. Und wenn ich 45 bin, dann ändere ich die Zahl auf 50.«

In jenen Tagen. Wer um das Jahr 1985 herum fünfzehn war, pubertierte ins digitale Zeitalter hinein. Das analoge Leben wurde ausrangiert, jene am Sinnlichen und Haptischen geschulte Weltwahrnehmung, die sich am realen Gegenstand ausbildete, deren Wahrnehmungsmuster noch unbestechlich schienen, weil sie nachprüfbar waren. Die Seh- und Wahrnehmungsgewohnheiten änderten sich völlig: Fernsehgerät, Computer, Internet wurden zu Instanzen medialer Totalvermittlung von Welt. Die ICHlinge wuchsen auf im Bewußtsein der Relativität und Virtualität. Alles schien flottierend. Sie wurden in eine Wunschverhinderungskultur geboren, in der keine Wünsche mehr ausgebracht werden konnten, weil alle erfüllt waren. Die kapitalistische Kultur ist eine Wunschverhinderungskultur, weil sie Sehnsüchte nach dem Anderen gar nicht erst gedeihen läßt. Wer geboren wird in eine Welt, in der alles Bestand hat, fragt nicht danach, was Bestand hat. Er lebt den Bestand. Er lebt den Wohlstand und kennt nicht das Gefühl der Entbehrung, das zugleich eines der Sehnsucht ist. Seine Sehnsuchtslosigkeit ist frappierend. Er sehnt sich nicht, weil er nicht zu entbehren gelernt hat. Er war nie angehalten, sich nach Besserem zu sehnen oder etwas für die Gesellschaft Relevantes zu schaffen. Er war nicht angehalten, überhaupt etwas zu schaffen. Er wuchs auf in dem Glauben, das Vorhandene nur verwalten zu brauchen. Daß er es *gestalten* muß, ist eine verstörende Lektion, die dieser Tage zu lernen ist.

Weil im Fortlauf der Konsumkultur jede Form des Leids wegmaterialisiert wurde, verfielen auch die Leidenschaften. Gewiß, Surrogate von Leidenschaft stehen irgendwo zur Verfügung, theoretisch im mindesten. Nur sind dieselben, psychologisch gesprochen, manisch-depressiv: mal im Überschwang ohne Erlösung, mal in der Schwermut ohne Aussicht. Der ICHling jedenfalls *handelt*. Er läßt sich nichts mehr vormachen. Er macht *selbst*. Er ist der Verfechter des Pragmatismus. Herrschte in den siebziger Jahren die Theorie, schlug sie ab Mitte der achtziger um in den Pragmatismus. Man diskutierte nicht mehr herrschaftsfrei. Man diskutierte gar nicht mehr. Man sorgte sich nicht. Man lebte. So wie es der Werbeslogan der Hypo-Vereinsbank einige Jahre später faßte: *Leben Sie. Wir kümmern uns um die Details.*

Man setzte zusammen, was man zusammensetzen wollte und nannte das Lebensprinzip »Bricolage«. Es entstand eine »Neue Unübersichtlichkeit«. So hieß das 1985 erschienene Buch des Deutschlands innere Widersprüche mustergültig repräsentierenden Philosophen Jürgen Habermas. Als einer der ersten hatte er Anfang der sechziger Jahre den Strukturwandel der Öffentlichkeit erfaßt, der sich in den achtziger Jahren zu einer Tyrannei des Intimen über den öffentlichen Geist entwickelte. 1985 nun war für Habermas klar, daß die von ihm nicht unbedingt freundschaftlich diagnostizierte »Unübersichtlichkeit« die gewünschte eindeutige Vorherrschaft der Vernunft eliminiert – eine Vernunft, die ihm zufolge stets kommunikativ erstritten werden muß, indem sich über die ungehinderte Diskussion in aller Öffentlichkeit, über den Austausch und Sieg der überzeugendsten Argumente schließlich das durchsetzen sollte, was für jeden einsichtig und akzeptabel ist. Rationalität schafft sozialen Frieden bei höchster Freiheit. So entsteht *communio*, Gemeinschaft aus Kommunikation.

Die »Kommunikationsgesellschaft« aber, in der WIR leben (und die wir verkörpern), ist eine keineswegs erstrittene, streitbare. Sie ist eine lineare, gleichgültige. *Communio* bedeutet heute lediglich die Vernetzung von Atomen, nicht mehr das Wesen von Gemeinschaft. Die ICHlinge sind total individualisiert. Sie sind, kultursoziologisch betrachtet, die Selbstverwirklicher der Erlebnisgesellschaft in einem Leben ohne Notwendigkeit. Und ihre Losung heißt: *Erlebe dich!*

Die ICHlinge verließen ihr warmes Heim und gingen in die Welt hinaus, nicht um Karriere zu machen, nicht um die Welt zu verbessern. Sie gingen, um das Leben zu erweitern, das heißt genußvoll zu erfahren. Das hieß auch: Man rebellierte nicht. Das System wollte man nicht sprengen. Man funktionierte. Man fügte sich dem Fortschritt. Der Fortschritt war für einen gemacht. Der Fortschritt leitete einen. Man war für den Frieden, irgendwie. Aber der Frieden war ja da, der soziale ohnehin. Also mußte man darum nicht kämpfen. Man feierte das Glück der freien Marktwirtschaft. Sozial war sie ohnehin. Gewerkschaften interessierten nicht; der Wohlfahrtsstaat war ja garantiert. Man fühlte sich unabhängig von staatlichen Instanzen, weil dieselben einen trugen. Abhängig war man nur vom eigenen Glück. Daraus schöpft sich das Selbstverständnis des ICHlings: Ich bin ICH. Die bloße, verarmte, bereicherte Existenz, die an keinen Gott mehr glaubt und an keine Zukunftsversion, nur noch an sich selbst.

Das ICH ist ein Ich ohne Eigenschaften.

Kleine Phänomenologie der Erschütterungen

Vier Schlüsselereignisse um und ab 1985 haben den ICHling ebenso nachhaltig geprägt, wie die Dauerpräsenz Helmut Kohls und der postmoderne Pluralismus.

Erstens: die Erkenntnis, daß eine tödliche Immunschwächekrankheit mit dem Namen Aids auf dem Weg war, zur Pest der Gegenwart zu werden. Die ersten auf Aids zurückführbaren Opfer starben unter öffentlicher Erregung, persönliche Sexualität wurde zur gesellschaftlichen Aussage. Apokalyptische Visionen setzten ein, die Angst vor der Invasion des Unsichtbaren, und die meisten beruhigten sich törichterweise damit, die Krankheit auf Junkies und Homosexuelle zu reduzieren. Dennoch haben Begriffe wie »Karposi-Sarkom« und »Safer Sex« unser Sexualverständnis erschüttert und unseren Umgang mit der verfügbaren Lust fundamental verändert. Der Blick in den Spiegel wurde zwanghaft: Nach jeder Liebesnacht scannte man die Haut auf rote Flächen ab. Dem Kondom wurde ein neuer Sinn übergestülpt: von der lästigen Verhütung des Stürmer-und-Drängers für die ungestörte

Selbstverwirklichung zur Verantwortung für Vernunft und das unbeschädigte Leben. Das eigene, wohlgemerkt. Aids hat wesentlich zur Eindämmung sexueller Freizügigkeit beigetragen und peu à peu eine, in gewisser Weise ungewollte, Verantwortungsethik etabliert, die nur am Rande mit christlicher Nächstenliebe zu tun hat.

Zweitens: Der 26. April 1986 war einer jener Tage ohne erkennbare Hinterlist, an dessen Verlauf man sich dennoch ein Leben lang erinnern wird. An jenem schönen Sonntag explodierte die heile Welt. Der 26. April 1986 war Tschernobyltag. In der nordukrainischen Sowjetunion war Block IV des Atomkraftwerks in die Luft geflogen, das weltweit bislang schwerste Reaktorunglück. Niemand wußte an diesem Tag, ob Winde aus Osten kamen, ob radioaktive Partikel nicht bereits zwischen den Grashalmen nisteten oder in unseren Lungenbläschen. Tschernobyl wurde zum Fanal. Eine fürchterliche Verletzung des Glaubens an die beste aller Welten, die Zerstörung der Geborgenheitsphantasmagorie. Man begann, mit den verkohlten Ruinen von Tschernobyl im Hinterkopf zu leben und aß keine Pilze mehr.

Drittens: Plötzlich tauchte Gorbi auf. Irgendwann stand er auf dem Balkon des Bonner Rathauses mit seiner so westlich anmutenden Raissa, lächelnd, heiter, die Hände gehoben, dann lief das Kind auf ihn zu, und er griff es sich und nahm es auf den Arm. Da war der Kalte Krieg definitiv vorbei.

Was die Medien zu dieser Zeit übermittelten, war für jeden, dessen politisches Bewußtsein erwachte, eine ungeheuerliche Eruption: Der Staatsführer der Sowjetunion ist ein Mensch! Seit 11. März 1985 war Michail Gorbatschow Generalsekretär des Zentralkomitees der Kommunistischen

Partei der Sowjetunion, und er war furchtlos, offen, sympathisch. Sein Konterfei zierte T-Shirts, natürlich wurde er rasch zum kulturindustriellen Ereignis, und der vielleicht doch nie so gefallene Satz »Wer zu spät kommt, den bestraft das Leben« zur historischen List der Vernunft. Im mindesten wurde das Bonmot, wie typisch, ein Zitat der Popkultur.

Viertens: »Wo warst du, als die Mauer fiel?« 1989 implodierte das bipolare Weltbild, und der Globalismus, der subkutan schon längst eingesetzt hatte, trat seinen Dienst als Imperium an. Den ideellen Wert des Wiedervereinigungsgedankens wußten wir nicht wirklich abzuschätzen, wir sahen nur das Happening, die weinenden Ossis, die auf blühende Landschaften hofften und Kohl vor Lafontaine, dem politischen Helden der pubertierenden Salonkommunisten, den Vorzug gaben. Ein wenig spürten wir vom Hauch der Geschichte, doch den meisten der postmodern verorteten ICHlinge war die Einheit herzlich schnuppe. Sie brachte ihnen ja nichts. Sie brauchten kein größeres Deutschland. Sie waren orientiert nach Frankreich, Italien, Spanien, Amsterdam, New York.

Jene vier Erschütterungen haben Denken und Handeln der ICHlinge im mindesten spürbar, wenn nicht stark beeinflußt. Sie sind Eckpfeiler im Bewußtsein einer ganzen Kohorte.

Reise ans Ende der Kraft

Wir erzählen durch unser Leben die Geschichte der Neuen Republik. Es ist ein Entwicklungs- und Bildungsroman mit offenem Ende. An uns läßt sich ablesen, wie die postmoderne

Pluralität ihre Instrumente erst benutzt und schließlich gegen sich selber richtet. Die freigesprengte Freiheit macht unfrei, weil wir noch nicht gelernt haben, mit ihr umzugehen. Die Überforderung durch die Wahl zwischen den Möglichkeiten ließ uns zunehmend in Apathie abdriften. Die Zersetzung liebgewonnener Traditionen war eine unerhörte Befreiung von allen scheinbar ewigen Gewißheiten. Nun haben wir aber keine mehr. Der Pluralismus hat uns gelehrt, daß alle Möglichkeiten zur Verfügung stehen und genutzt werden wollen. Sie müssen probiert werden. Man lebt ein provisorisches Leben. Ein Leben auf Probe. Ein Ja-aber-Leben. Anstellung? Ja, aber nur fest frei. Partnerschaft? Ja, aber nicht zusammenziehen. Zweisamkeit? Ja, aber nur mit höchstem persönlichem Freiraum. Heimat? Ja, aber bitte immer nur eine Weile. *Als – ob* leben, nicht *so – wie*. Sich zu navigieren bei ständig variierenden Koordinaten erfordert vom ICHling eine besondere Fähigkeit: die der Selbststeuerung. Die Erfindung eines eigenen Navigationssystems. Das ist eine unerhört kreative Aufgabe.

Nichts aber ist erschöpfender als ständige Kreativität. Nichts macht unfreier als zwischen Freiheiten wählen zu müssen. Der ICHling ist ja eine durchs Schicksal erzwungene multiple Persönlichkeit, innerlich entleert und zur Veräußerung gedrängt, quirlig, unsicher und stets auf Empfang für einen neuen Impuls. Die Impulstaktung gibt seine Wahrnehmung vor: welche Bedürfnisse am stärksten und raffiniertesten angesprochen, stimuliert, ausgeschlachtet und letztlich abgetan werden, weil bereits neue Bedürfnisse stimuliert sind. Welchen Sinn aber hat es, wenn so gut wie alle dabei ausgelaugt sind? Der innere Frustrationsspegel steigt, der soziale Streßfaktor auch. Nachrichten folgender Art häufen sich: Eine Mittdreißigerin bricht im Büro zusammen – erhöhter Ermattungszustand, depressive Erschöpfung; Altersgenossen, markiert mit Augenringen, leiden unter Schlaflosigkeit. Entspannen können sie nicht mehr, via Blackberry machen sie selbst von Ibiza aus Geschäfte. Die Angst vor der Angst geht um, der Angst, wenn die Controller anrücken, wenn nichts mehr sicher ist, wenn auf einmal die Hypothek in den Magen kriecht, das Großstadtappartment, die Designer-Garderobe, der BMW, wofür man sich verschuldet hat. Es herrscht Leistungsdruck im Büro und also im Leben. Der Druck kommt von außen und wird an jeden einzelnen herangetragen, er verlagert sich ins Innere und ventiliert sich nach unten. Perfektion in jeder Hinsicht ist die Präambel der superlativistischen Epoche. So wurden Fitneßstudios zu Kult- und Altarstätten der Gegenwart, Schönheitschirurgen zu Priestern der Körperreligion. Und die wahren Herrscher wurden jene, die Macht über den Erschöpfungszustand des einzelnen haben. Die McKinseyaner.

Der ICHling, das frei flottierende Atom der Risikogesellschaft, muß mehr denn je lernen, egoistisch in seine Zukunft zu investieren, indem er sich finanziell möglichst früh abzusichern beginnt, ohne Rücksicht auf das staatliche Sozialsystem, das, wenn der ICHling rentenfähig ist, bereits kollabiert sein wird. Er muß sich kümmern um Bausparverträge, Lebensversicherungen und Risikominimierung, und weil das Last genug ist und die Perspektive grau und die Finanzierbarkeit einer eigenen Familie ein sozialökonomisches Wagnis, wollen sich viele der postmodernen Zöglinge nicht unbedingt fortpflanzen, sondern den zarten Sproß ihres Lebens so lange düngen, bis die Pflanze im Tode verwelkt ist. An den Schnittstellen dieser Verstörung arbeitet mit Hochdruck die Erregungsindustrie. Sie walzt einen Boulevard durchs Land, errichtet Altäre, fertigt Heroen, schneidet Achsen und generiert ein Koordinatensystem der niederen Instinkte.

Die Epoche des Entertainments

»Aber bei meiner Liebe und Hoffnung
beschwöre ich dich: wirf den Helden
in deiner Seele nicht weg.«
Friedrich Nietzsche

1985, 7. Juli. Eine Sensation schlüpft. Ein Spektakel. Es ist jener Tag, der ein Ereignis ins kollektive Gedächtnis brennt, der als Ereignis kollektives Gedächtnis wird und ein Individuum zum Mythos macht. Ein Sonntag in London. Die Geburt eines nationalen Epos.

Der Teenager mit den blonden Wimpern wirft den Ball zum letzten Mal in die Höhe, geht auf seine unnachahmliche Weise in die Knie, woraufhin er, einer Feder gleich, nach oben schnellt, den Ball im höchsten Punkt trifft, das Handgelenk knickt.

Ein As in Wimbledon.

Er sinkt auf die Knie, der Rasen ist heilig, der Teenager ist siebzehn. Boris Becker ist jüngster Sieger des wichtigsten Tennisturniers der Welt. Von jenem Tag an wird jeder seiner Schritte verfolgt und seine Privatheit im öffentlichen Auftrag ausgeweidet werden, eine massenmediale Dauerüberwachung bis hinein in die Wäschekammern eines Londoner Hotels, wo er, vermutlich im Stehen, ein Mädchen zeugt. Boris Becker, der rotblonde, brav frisierte, grammatikalisch un-

41

sichere Bub aus der badischen Provinz ist der erste komplette Held der anbrechenden Epoche des Entertainments, dessen Auf- und Abstiege Emotionen und nationales Gerede bewirken und patriotische Bekenntnisse freisetzen.

An jenem Sonntag waren die Straßen der Republik leergefegt, das Fernsehen verlängerte seine Übertragungszeiten, der Sport bekam Priorität, weil es um mehr als Sport ging. Die Deutschen hatten nicht nur einen weiteren großen Athleten. Die Gegenwart hatte ein Idol. Das Idol schrieb: Tennisgeschichte, Fernsehgeschichte, Kulturgeschichte.

Deutschland, das zwanzig Jahre später Papst werden sollte, war am 17. Juli 1985 Wimbledonsieger und die Nummer eins eines Sports, der für Legionen von Menschen Mittelpunkt ihrer Freizeitgestaltung wurde. Sand- und Hallenplätze wurden aus dem Boden gestampft, die Mitgliederzahlen des Tennisbundes schnellten in die Höhe von Millionen, das Fernsehen erhöhte den Programmanteil der Tennisübertragung in kurzer Zeit von 13 auf über 2000 Stunden im Jahr, die Sportartikelindustrie jubilierte über legendäre Umsatzsteigerungen. In Boris Becker hatte Deutschland den zeitgemäßen Helden, den es brauchte, und es hat ihn immer noch als Ikone der Klatschpresse, weil der Mensch Linderung begehrt für die erlittenen Demütigungen der Gegenwart: den Verlust der Nation, den der sozialen Sicherheit, jenen der Gewißheiten eines guten kapitalistischen und eines bösen kommunistischen Systems. Für alles gibt es bereits eine erprobte Erfahrung, einen gehörten Klang, ein aufbereitetes Bild, einen verwertungssüchtigen Markt. Wo aber bleibt das Unerhörte? Das Unglaubliche? Das Unveräußerliche?

Im leer gefegten Projektionsraum des verwalteten, vermes-

senen, erkalteten Daseins sehnt sich der spätmoderne Zeitgenosse nach der Wärme wundersamer Wiederverzauberung,
nach bewunderbaren Individuen und wunderbaren Taten. Er
sehnt sich nach modernen Märchen über Verwundbarkeit,
Leid und Trauer, über Wiederauferstehung und Übermensch-
lichkeit.

Sie brüllten und schwenkten Fahnen. Sie hatten seinen Namen auf den erhitzten Asphalt gepinselt und waren in das
mintgrüne Trikot geschlüpft, das auch er trug. Seit Stunden
warteten sie auf Ihn wie auf ihren Heiligen.

Dann erschien Er.

Sie sahen Ihn den Berg hinaufkommen. Sie sahen Seine
Kraft, die gespannten Sehnen, die arbeitenden Muskeln, das
schmerzverzerrte Gesicht, den triefenden Speichel. Sie sahen, wie Er den Berg bezwang, das Böse. Er kam auf sie zu,
und sie schrien, und einige liefen neben Ihm her und berühr-
ten Ihn, nahmen den Schweiß von Seinen Armen auf, und
man sah das Glück in ihren Augen. Er würde für sie siegen, Er
würde sich besiegen, überwinden, die Natur, den Gegner,
den Regen, die Hitze, den Graupel, die Kälte, den Raum, die
Zeit, und stellvertretend für sie würde Er leiden, die Qual ertragen, ein kleines ethisches Heil im großen verlorenen Da-
sein. Sein Sieg würde ihrer sein, Sein Glanz auf sie abstrah-
len; so nah war Er ihnen und so entrückt zugleich. Er, das
Wunderkind in wunderlosen Zeiten, das Unerklärliche im
gottlosen Universum, der außergewöhnliche Gewöhnliche.

Millionen saßen vor den Schirmen, und die Kameras begleiteten den Radrennfahrer Jan Ullrich auf Schritt und Tritt
der Tour-de-France, die Bilder gingen um die Welt und in die

digitale Verwertungsschleife und mit den Bildern die Mär von der außeralltäglichen Leistung, dem schier Unglaublichen. Tausende, Abertausende jubelten dem rotblonden Industriefeinmechaniker an der Strecke zu, Väter, Mütter, Söhne und Töchter gleichermaßen ließen sich Autogramme geben, in der Heimat kauften sie Trikots, Fahrräder, Helme, und wer konnte, erhaschte ein Lächeln von ihm.

Denn in Ihm erkennen sie, die von Schwäche, Krankheiten und Defekten geplagten Normalen, die Perfektion der menschlichen Maschine. Jan Ullrich ist der ideale Held einer entzauberten, entideologisierten, entsinnlichten Gegenwart, die auf der Suche ist nach dem Pathos des Großen, auf der Suche nach einer neuen, überragenden Erzählung ihrer Zeit.

Der Sportler als Held der Erregungsgesellschaft

Der Held ist zurückgekehrt ins Traumreich unserer Wünsche und Phantasien und mit ihm der archaische Trieb nach Verehrung und Huldigung. Helden erscheinen, wenn sie gebraucht werden, verstärkt in Krisenzeiten. Die Gesellschaft lechzt nach ihnen. Mit keiner anderen Figur läßt sich die Grammatik der Gegenwart so gut entschlüsseln wie mit dem Helden. Er zeigt uns unseren Drang, in einer erhobenen Person das Allgemeine verkörpert zu sehen. Im Helden verschmelzen antike Heldensage, christliche Heiligenlegende und der Zeitgeist der Boulevardepoche. Die Heldensagen der Antike sind heute die Bilder und Filme der Massenmedien. Siegte der Held einst nicht mehr, war er von seinen Göttern verlassen. Löst der Held heute den Wechsel auf Erhebung nicht mehr ein, stürzen ihn dieselben Medien, die ihn zuvor erhoben

haben, und er wird so lange gewinnbringend und auflage-
steigernd zu Boden getreten, bis er unverwertbarer Antiheld
geworden ist. Keine Epoche vorher hat so viele Leit- und
Identifikationsfiguren produziert und zerschlissen wie die
des Boulevards.

Der Held heute steht für die Aufhebung der geistigen Normen und verkörpert die tragenden Werte der Leistungs- und
Erwerbsethik: Schönheit, Fitneß, Askese; dadurch Reichtum. Er verkörpert das Körperliche. Der inszenierbare Körper ist wichtiger als Eleganz oder Geschick. Der Held von
heute muß nicht notwendigerweise intellektuell überragend
oder über die Maßen gebildet sein. Menschlich ist er oft fehlerhaft, unvollendet; man kann mit dem Helden gemeinsam
reifen, weil man selbst fehlerhaft und unvollendet ist, das
schweißt zusammen.

Der Sportler ist der prototypische Heroe der Erregungsgesellschaft. Er macht seinen Zuschauer zum Intimpartner
ohne Berührung. Im virtuellen Raum übertragen, ist seine
Körperlichkeit asexuell und unbedrohlich. Der Konsument
kann in einer mentalen Masturbation seine eigene Erregtheit
steuern. Von den Medien nach Marktkriterien mit Sinnstif-
tung beauftragt, setzt der Held Kräfte frei, im mindesten Optimismus. Wir fühlen uns beschenkt durch eine außeralltäg-
liche Leistung und bewundern den Herausragenden. Die
funktionalen Menschen haben das Bedürfnis nach authenti-
schen Gefühlen: Rausch! Anbetung! Selbsterhebung!

Die Bewunderung von Helden bereichert das eigene Leben, das der einzelne oft für bedeutungslos hält. Der Held ist
jemand, der es schafft, als Gesprächsstoff die atomisierten
Individuen zusammenzuführen, einer, der in der unkommu-

nikativen Kommunikationsgesellschaft Kommunikation produziert. Über den konsumierten Helden vergewissert sich der einzelne seiner Teilhabe am Sieg. Er wird Gewinner. Im Helden werden alle zu Gewinnern, deshalb ist der Held ein Held. Es darf öffentlich keine Verlierer mehr geben, nur noch Millionäre; das Gewinnen ist dieser Tage so leicht und aufdringlich wie nie zuvor. Die Gesellschaft hat das Verlieren verlernt und kann das Scheitern, die Niederlage, das Versagen, das allzu Menschliche nicht mehr ertragen. Sie erwartet Sieger, die ein Trittbrett zum Traumreich bieten, herausführen aus der kollektiven Psychose des erzwungenen Verlustes sozialer Sicherheit und wirtschaftlicher Prosperität. Sieg ist Prinzip, Makellosigkeit Leitwert, aber die makellosen Sieger, beschienen vom grellen Scheinwerferlicht der offiziellen Arena, sollen stumm sein und dürfen keine Widerworte finden. Sie sollen nichts weiter tun als den Wechsel auf Glamour einlösen. Personen, die für Inhalte stehen, werden keine Helden, eben weil sie für etwas stehen. Der Sportler ist vom moralischen Imperativ ausgenommen. Er bewegt sich außerhalb der sozialen Verantwortung. Er ist ein Held, und ein Held muß ausdeutbar sein, leer. Sein Sieg, sein Rekord wird erhoben in den Rang eines Wunders. So werden Helden zu säkularen Seligen, zu Ersatzheiligen als Projektionsflächen für patriarchalische Autorität, die für kurze Zeit aus der amorphen Masse emporschießen, sodann als öffentliche Personen der Zeitgeschichte gelten, zu veröffentlichen Personen werden, aufleuchten, verglimmen. Versinken.

Zwangsnarzißmus und Sterngeburten

Kaum einen begründeten Zweifel gibt es an der Feststellung, daß wir in einer Darstellungs-, exakter: Selbstdarstellungs-, am exaktesten: Selbstvermarktungsgesellschaft leben, in einer geradezu zwangsnarzißtischen Epoche. Der Zwang zum Narzißmus äußert sich in gezielt stimulierter Profilneurotik: Superlativismus, Ruhmsucht, Gewinnerkult. Jeder hat die scheinbar freie Wahl zur Entscheidung über den Einsatz, die Darstellung und Verwertbarkeit seiner ICH-Aktie. Der Einzelne ist Autor, Protagonist, Beleuchter, Ausstatter, Kostümbildner, Vertriebspartner und PR-Agent seines ICHs; er wirbt mit dem Gestaltungsrecht an seinem ICH auf dem freien Markt der sozialen Anerkennung. Daraus läßt sich das Muster einer *corporate identity* ablesen: die CI einer chronischen Dauererregung auf dem Jahrmarkt der postindustriellen Gesellschaft.

Der Kampf um soziale Anerkennung wird in dem Maße härter, in dem Anerkennung an gesellschaftliche Leitwerte geknüpft ist, an die drei äußeren *Es*: Erfolg, Ehrgeiz, Erscheinung. Dem zeitgeistigen Subjekt hat es darum zu gehen, den Börsenkurs des eigenen Unternehmens in der Höhe zu halten. *Intrapreneurship* ist die neue Unternehmenskultur des postmodernen ICH-AG-Betreibers, der, um seine Aktie richtig einzusetzen, am besten zum Star wird. Nie wurde einem das so leicht gemacht wie heute.

Der Star ist ein Marktphänomen. Er wird geboren aus der Kunst richtig gesteuerter Nachfrage. Star sein ist kein Ausweis des Genialischen, des Überindividuellen, spirituell Entrückten mehr. Es ist das Angebot der *celebrity*-gierigen Gesellschaft an sich selbst. Stars werden gefertigt auf dem medialen Fließband der Kultobjekte, deren Produzenten prächtig von ihrem Ruhm naschen. In der Konsumgesellschaft mit ihrem Narzißmus ist kaum etwas so dreist, wie die gewollte Inflationierung von unerheblichen Stars und Helden. Sind keine verwertbar genug, rufen die bunten Blätter im Einklang mit dem bunten Fernsehen aller Kanäle neue Helden und Stars aus, und wenn just keine Namen und Personen verfügbar sind, so rufen sie im mindesten das Bedürfnis nach ihnen aus, das sie selbstredend sogleich mit Vorschlägen beantworten.

Die Helden der Entertainmentepoche sind berühmt, *weil* sie berühmt sind. Je berühmter sie sind, desto berühmter werden sie gemacht. Berühmtheit heute ist Berühmtheit um ihrer selbst willen. Berühmt sein hat nichts weiter zum Inhalt und Ziel, als berühmt zu sein. Jeder kann so zur ruhmvollen Dauerinstallation in einer permanenten Vernissage werden.

Die ICHlinge sind in diese Verklärung der Gewöhnlichkeit hineingewachsen. *Jeder darf alles*: Das ist das verbriefte Menschenrecht der postmodernen Demokratie in der Entertainmentepoche. *Jeder kann alles*: Das ist die Maxime der Trivialisierung. Zusammengenommen bedeuten *Jeder darf alles* und *Jeder kann alles* die unter lautem Getöse vollzogene Vergöttlichung telegener Allerweltsmenschen, die den öffentlichen Raum besetzen. Models, Modemacher, Moderatoren schreiben Bücher, Lieder, letztlich Zeitgeschichte. In den Bereich des einstmals Elitären ist das Normale eingezogen, und die Instrumente des feinen Geistes sind stumpf geworden. Reflexion, Schwermut, Esprit, Humor, Feingeist, Rhetorik, Schrift-

und Sprachgewandtheit, Präzision und Differenz scheinen vom Gang der Geschichte aussortiert. Deshalb wuchern auf den Trümmern des höheren Sinns die flachen Flechten chronischer Fröhlichkeit. Hinter der Abschaffung des hohen Stils steht eine organisierte Industrie, und es ist zu vermuten, daß das Land der Denker auf den Boulevard gekommen ist.

Die x-Achse der Berliner Republik: Der deutsche Totalboulevard

Welt, beschied der Philosoph Ludwig Wittgenstein, ist alles, was der Fall ist. Welt, tratscht der Boulevard, ist alles, worüber man spricht.

Heute ist der Boulevard der Fall. Kulturgeschichtlich betrachtet, ist er die große, glamouröse Meile einer Großstadt, auf der sich die Welt abspielt, wo die höchste Erregung produziert wird. Er ist die Trasse der verlorenen Sieger oder der siegenden Verlierer. Wer verliert, siegt dennoch, wenn er auf den Boulevard gespült wird. Der Boulevard ist ein Treibhaus: Am Zustand seiner Schwüle läßt sich die Temperatur der Gesellschaft ablesen, weil der Boulevard die Gesellschaft spiegelt, und wo er sie nicht spiegelt, da gibt er ihr Sprache und Themen, Sprechthemen. Fast alles ist Sprechthema geworden. Fast alles ist öffentlich. Fast alles ist soft. Wissen ist kompliziert, Bildung anstrengend und wahrhafte Kommunikation mühsam. Ein willfähriges Publikum nimmt jede Oberfläche in Kauf, deren Absurfen es von den Zumutungen des

Alltags entlastet. Der Boulevard versucht, ständig neue Erzählungen zu schöpfen, die zum Stoff der öffentlichen Rede werden sollen. Er setzt auf eine Gesellschaft, deren Mitglieder sich nicht mehr unterhalten können. Eine Gesellschaft, deren Mitglieder sich unterhalten lassen wollen. Im und auf dem Boulevard laufen die Pfade, die Tonlagen und Themen der öffentlichen Rede in der Republik zusammen.

Die Totalboulevardisierung hat in den vergangenen zwanzig Jahren maßgeblich die Kultur der Deutschland AG geprägt. Ihr Ziel war seit jeher der Heros und sein organisierter Mythos, am besten verbunden mit Eros und möglichst viel Pathos. Heros, Mythos, Eros, Pathos: Der Boulevard ist die aktuelle Fortführung des antiken Theaters. Es geht genauso um Emotion, um Bewegung und Bewegtheit, nicht um ideologische Traktate, ästhetische Codes oder wissenschaftliche Theorien. Doch der Boulevard geht nicht in die raffinierte Tiefe des Raums, er zieht sich in die beschmückte Breite. Im Zentrum allen Schaffens seiner umfassenden Emotionsindustrie steht der lebendige, lebende, leidende, juchzende, in seiner ganzen primitiven, naiven Veräußerung nachvollziehbar gemachte Mensch.

Kennzeichen dieser Industrie sind:

Selbstreferentialität,

bewußte Entpolitisierung durch Stimulierung unerfüllter Begehren,

Zerstörung der Intimität des privaten Raums durch die Tyrannei der Intimität als Allgegenwart des Öffentlichen,

Exponierung von Sexualität und Libido,

Herrschaft des Superlativs,

Inflation von Experten und vorgetäuschter Allwissenheit,

Nichtigkeit von Anlässen,
Verflechtung von Politik und Tiefkultur,
Rastlose Produktion von Hypes, Hysterien und Heiligen.

Erregung und Katharsis

Die Entertainmentepoche begann 1985. Das duale Rundfunksystem war der sinnbildliche Ausdruck des postmodernen Pluralismus zum einen wie der geistig-moralischen
Wende Helmut Kohls zum anderen: die Aufrüstung des Me-
dienmarktes mit privatwirtschaftlich organisierten Fernseh-
sendern und Radiostationen zur politischen Ergänzung der
meist linksliberalen öffentlich-rechtlichen Anstalten. Mit
Sat.1 war Ende 1984 in Deutschland der erste aus dem Kabel
kommende, werbefinanzierte Privatsender an den Start gegangen, wenig später folgte RTL plus Deutschland (heute
RTL), sodann PRO 7. Heute gibt es mit »Pay TV« zusammengenommen über hundert privat betriebene nationale und re-
gionale Fernsehprogramme, dazu über 270 Privatradiosen-
der in Deutschland. Seither kämpfen auch ARD und ZDF
nicht mehr allein um Mittelschicht oder Bildungsbürgertum, sie ringen mit den Privatsendern um die entintellektualisierte, entkontextualisierte, enthemmte Neue Mitte. Die
ambitionierte Vergeistigung der siebziger Jahre ist bis auf
weiteres erfolgreich ausgemerzt.

1985 also begannen Erregungsgesellschaft und Stimmungs-
demokratie, und das Fernsehen wurde zum Leitmedium der
Erregungskultur. Es wurde nicht nur gesendet, es wurde ge-
staltet. Fernsehen wurde Beschäftigung und Geschäft mit
Emotionen und Sensationen und stellte sich als Bastion der

niederen Instinkte gegen den öffentlich-rechtlichen Bildungs-
funk, das gebührengestützte, von den dynamischen Privat-
sendermachern als langweilig und anstrengend empfundene
»Dozentenfernsehen«.

Emotionen suspendierten Auseinandersetzung und Perso-
nalisierungen Zusammenhänge; Sensationen basierten auf
Sensualisierung, auf dem Beeindruckt- und spürbar Erregt-
Werden. Eine ganze kapitalistisch geprägte Medienkultur
setzte auf das Bild und das Sichtbare. Das Bild übernahm
die Ordnungsfunktion des Geistes. Der Pluralismus gleichberechtigter Bilder war einer gleichberechtigter Emotionen. Die Boulevardisierung wurde zum Synonym für eine
nivellierende Bewußtseinsindustrie, die eine generationen-
übergreifende Vereinheitlichung aller Geister zu Kulturkonsumenten anstrebte, wobei Kultur im weitesten Sinne all das
bedeutet, was der Fall ist.

Der Boulevard überversorgt den narzißtisch gekränkten
Bürger von Grund auf mit Romantik, Ruhe, Berechenbarkeit
und Ordnung bei gleichzeitiger Bereitstellung von wahren,
reinen, ungetrübten Gefühlen. Vor allem anderen ermöglicht
er Katharsis: auf gezielte Erregung, Angst und Wut folgen gezielte Erlösung, Heil und das Gute. Durch die Unfähigkeit
oder den kalkulierten Unwillen, Wichtiges von Unwichtigem,
Bedeutendes von Bedeutungslosem zu scheiden, verschwinden Differenz und Kriterium. Der Entzug des Anspruchs
durch die Verführung des Trivialen ist Allgemeingut geworden. Es ist die Kernerisierung des Fernsehens bei gleichzeitiger Entkernung.

Johannes B. Kerner, Allzweckwaffe des Zweiten Deutschen
Fernsehens, symbolisiert die Auflösung der Grenzen zwi-

schen hart und soft, Sport und Politik, Promi und Staatsmann par excellence. Genaugenommen ist Kerner die Inkarnation des deutschen Mittelmaßes sowohl wie die mittelmäßige Projektionsfläche des Deutschen. Einer wie Kerner kritisiert nicht, der fordert nicht, den kennt man, der ist Heimat, der tut uns nichts, der ist harmlos, der soll ruhig über Bücher, Menschen, Fußballer, Linksbündnisse reden.

Doch Kerner geht auf Kosten des kritischen Bewußtseins.

Das Ethos der Nähe

Wider Erwarten pflegt und kultiviert der Boulevard ein Ethos, das sich sogar in einem Begriff fassen läßt: Nähe. Ethos bezeichnet eine Form des Verhaltens, ein Verhaltensmuster, das, wenn es von einer Mehrheit als Wert geteilt wird, zu einer Ethik werden kann. Das Ethos der »Nähe« auf dem Boulevard zeigt sich in dessen Drang zum unmittelbaren Dabeisein, in der stets wiederkehrenden Analyse unbedeutender Details, die durch die Wiederholung zu großen Ereignissen emporgestelzt werden und dadurch permanente Anteilnahme und Einfühlung ermöglichen. Was nah ist, ist gut; Nähe schafft Emotionen, Emotionen schließen Distanz aus. Nähe ist warm. In der Nähe spürt man das wahre Leben pochen. Die Nähe des Boulevards aber ist scheinbar und kalkuliert. Meist ist sie verlogen.

Die zunehmende Distanzlosigkeit der Weltvermittlung ist heute eines der grundlegenden Merkmale des Journalismus auch in Qualitätszeitungen und dem öffentlich-rechtlichen Fernsehen, das sich in einer überaus konvergenten Bewegung dem Privatfernsehen immer stärker anschmiegt. So wie alles Mitte ist, ist alles Pop. Die Mitte ist Pop, weil die Mitte die Masse ist und die Masse das Volk.

Ab Mitte der achtziger Jahre entstanden Pop-Journalismus und Pop-Literatur. Das ratlose Ich des Autors war Zentrum der Pop-Literatur, die eine Kapitulation vor jeder Kunst der Beschreibung war und jede Art von Weltbezug in die eigene Innerlichkeit verlegte. So schrieben die jungen Autoren zwischen Mitte Zwanzig und Mitte Dreißig über junge Frauen und Männer zwischen Mitte Zwanzig und Mitte Dreißig, die im ständigen Zwiespalt und in der Sehnsucht nach Sehnsucht leben: Sie lehnen Institutionen ab, sehnen sich aber zugleich nach Geborgenheit; sie leben in Kunstwelten und sehnen sich nach Authentizität; sie sind beliebig und sehnen sich nach einem verbindlichen Stil; sie haben Show und Kult und sehnen sich nach Wahrheit; sie haben Spiel und Spaß und sehnen sich nach Ernst; sie haben keine Überzeugungen und sehnen sich nach Haltung. Sie können nicht lieben und ersehnen nichts mehr als Liebe.

Die meisten der literarisierten Figuren waren ICHlinge, und so entstand schließlich der Sound der Erschöpfung. Er war das literarische Leitmotiv der Konsumgesellschaft bis Ende der neunziger Jahre, lehnte sich auf gegen Rationalismus, Verwaltung und Normierung. Anzubieten hatte er nichts. Er täuschte vielmehr Bedeutung vor, wo keine war. Er war ästhetischer Luxus. Er vertonte den üblichen Narzißmus. Er war der narzißtische Hilfeschrei erkälteter Seelen in einer erkalteten Zeit.

Der Pop-Journalismus, der die objektive Erkenntnis bewußt negiert und Wirklichkeitsbeschreibung in die subjektive Wahrnehmung des schreibenden Subjekts verlegt, muß das Ganze geradezu ausblenden, um das Detail inflationieren zu können. Er beschränkt sich auf willkürlich gewählte Ausschnitte. Pop-Journalismus ist bewußter Design- oder Phänomen-Journalismus, das ungespiegelte, hautnahe Surfen auf der sichtbaren Oberfläche einer angenommenen Wirklichkeit ohne Gespür für ihre Konstruktion. Wer auf den lebenden Menschen setzt, braucht Gefühle, um das Phänomen transportieren zu können. Also ist der Journalismus auf dem Totalboulevard ein Gefühls- oder Emotionsjournalismus. Er muß bewegen und bewegt sein, um wahrgenommen zu werden.

Der Boulevard als letzte Epen-Fabrik

Die höchste Form der Aufmerksamkeit ist die Erregung von Aufsehen. Dafür zuständig sind clevere Spektakelproduzenten, die selbstbezügliche Schaltkreise aufbauen, etwa dieserart: Die auf bestimmte Schlüsselreize ausgerichteten TV-Magazine der Boulevardsender greifen eine von *Bild* einmal gezielt gesetzte Nachricht auf, was wiederum in sogenannten People-Magazinen wie *Bunte, Gala, Neue Revue* und *Instyle* den erwarteten Niederschlag findet, um schließlich – durch ihren Abdruck allein –, als öffentliches Anliegen legitimiert, in den seriösen Zeitungen zum Thema zu werden. Der Zuschauer hat das angenehme Gefühl, unmittelbar einer massenmedial begleiteten Tragödie beizuwohnen. Er, der Betrogene des Lebens, identifiziert sich mit der betrogenen Ehefrau. Fernsehzuschauer und Magazinleser teilen das tragische Daseinsgefühl einer Gleichrangigkeit. Sie glauben unmittelbar etwas für die Gesellschaft Bedeutsames zu erleben, und ihre Wirklichkeitswahrnehmung fokussiert sich auf die medial vermittelte Inszenierung eines aktuellen Stücks.

Der Boulevard übernimmt so die Rolle des Redestoff-Herstellers in einer Zeit, in der sich das Leben selbst keinerlei dramatisierbare Höhepunkte mehr schafft: Ehen sind zerrüttet, das Leben ist zerfasert, Beziehungen zerspringen, Probleme sind komplex, Sachverhalte vieldeutig. Es herrscht Sehnsucht nach Einfachheit und Einheit. Die Boulevardisierung der Gesellschaft zeigt sich in ihrem täglichen Bedürfnis nach Eindeutigkeit und den erfüllten Versprechen der Theaterproduzenten, diese Einheit zu liefern. Die verlassene Schauspielerin als liebste, weil betrogenste Heldin der systematischen *daily soap* des Boulevard-Personals, ist zum Ereignis einer zersplitterten und ereignislosen Gesellschaft geworden, die in ihr ein Sprechthema gefunden hat, und also Kommunikation ermöglichte.

Vielleicht war das nie anders. Sicher aber war es nie so total. Und natürlich erhält der Zaungast nur so viel Stoff, daß sein Bedürfnis nach Fortsetzung des großen Epos stets gewahrt bleibt. Das unerfüllt gelassene Begehren nach Leid, Mitleid, Romantik und Schadenfreude ist die Währung des Boulevards.

Merkwürdig genug holt er schließlich die Moral zurück in die öffentliche Rede des offenen Raums, der in Wahrheit ein geschlossenes System ist. In Hinsicht auf das über Jahre Schritt für Schritt von ihm inszenierte Ehedrama fragt er, der Boulevard, etwa: Darf man seine Frau betrügen? Darf ein Sechzigjähriger mit einer Dreißigjährigen? Duldet der Leser das Luder, das gegen die Betrogene antritt? Im Dunstkreis emotionaler Abstürze offenbart sich nichts weniger als die moralische Dialektik der Boulevardmedien oder, anders gesagt: die mediale Doppelmoral. Wenn die Boulevardzeitungen und -magazine zu remoralisieren beginnen, wenn sie tagelang in ihrer Verwertungskette den Ehebruch geißeln und amouröse Abenteuer skandalisieren, sich zur selben Zeit aber an ebenjener Unsittlichkeit weiden, stellen sie eine unübertreffbare moralische Enthemmung unter Beweis. In der Epoche des Entertainments ist alles denkbar und also druckbar geworden, es gibt keinerlei faktisches Tabu mehr, das der Boulevard im Namen des moralischen Tabus nicht brechen und für seine Zwecke ausnutzen würde.

Die *Bild*-Zeitung bleibt nach wie vor das Leitorgan der Dialektik aus Moral und Niedertracht. Sie betrügt und betreibt Rufmord und geißelt im gleichen Atemzug angebliche moralische Verrohung. In geschäftstüchtigem Zynismus ereifert sich das Blatt gern über Nacktfotos, die es groß abdruckt, um sich sogleich empören zu können, daß man solche Fotos bitte nie mehr sehen möchte!

Die unmoralische Remoralisierung einer scheinbar unmoralisch gewordenen Gesellschaft ist selbst ein Vorgang moralischen Niedergangs. Ist der ein Tor, der einen Zusammenhang entdeckt zwischen Doppelmoral und dem Druck, Auflagen und Quoten zu steigern, Werbekunden zu akquirieren und jenes Geld zu verdienen, mit dem man neue »Helden« an- und auszahlt, die sich als Theaterstoff inszenieren lassen?

Die postmodernen Kinder wurden zu Kulturkonsumenten, deren Weltsicht der Boulevard als schreiende Selbstaussage einer gelangweilten Erregungsgesellschaft geprägt hat. Sie sind Boulevardpassanten, weil ihnen der Boulevard passiert. Sie sind die Kinder des Entertainments, des Videobooms, der digitalen Kultur, der Massenmediengesellschaft. Sie sind mit der sukzessiven Verachtung und Abschaffung des Worts, der Ent-Wortung und Ent-Antwortung verwachsen. Kaum etwas hat ihre Wahrnehmung so stark konditioniert wie das Fernsehen. Sie paßten ihr Leben zwischen Werbeblöcke und erlebten die beginnende Regentschaft des totalen Marketings, in der nichts entscheidender wurde als eine ausgefeilte Ökonomie der Aufmerksamkeit. Also wollten und mußten sie fortan um fast jeden Preis auf sich aufmerksam machen.

Das Öffentliche ist heute nichts weniger denn die massenmedial vermittelte und ausgeweidete Privatheit des einzelnen. Um diesbezüglich den unübertrefflichen Popart-Meister Andy Warhol zu bemühen: »Je öfter man dasselbe sieht, desto mehr verschwindet die Bedeutung, und desto besser und leerer fühlt man sich.«

Die y-Achse der Berliner Republik: Politik als Theater im Circus Maximus

Der nach den sechziger Jahren zweite Strukturwandel der Öffentlichkeit seit Mitte der Achtziger hat die politische Kultur stetig und radikal verändert. Sie wurde, könnte man sagen, medial vereinnahmt. Für die Definition des politischen Erfolgs ist das Parlament zweitrangig geworden. Es ist nicht mehr der heilige Ort, an dem im rhetorischen Blitzgefecht die besten Argumente ausgetauscht und der Sieg der allgemeinen Vernunft davongetragen wird. Was heute zu erkennen ist, ist der mustergültige Höhepunkt, vielmehr: die parabelhafte Vollendung der 1985 begonnenen Evolution des postmodernen Geistes, der auf ironische Weise sein Gegenteil, den Ungeist, zu gleichen Teilen in sich trägt.

Schnittpunkt von postmoderner Verortung und x-Achse ist die Polit-Talkshow. Sie markiert die Ankunft der Erlebnisgesellschaft auf dem Parkett der Staatsbühne und erzwingt die berufspolitische Zurüstung von unglamourösen Beamten, Lehrern, Juristen zu *home-story*-tauglichen Sympathieträgern. Politik in der Erlebnisgesellschaft erfordert in erster Linie *cheerleading* und in zweiter einen hohen *Feelgood*-Faktor. Noch sind die beiden Grundprinzipien des Parlamentarismus seit der klassischen Staatsrechtslehre dieselben: Diskussion und Öffentlichkeit. Verändert aber haben sich ihre Koordinaten: Ort, Zeit und Takt. In der Spektakelkultur des Boulevards muß Politik ihre Inszenierung in den Massenmedien von vornherein mitdenken, muß als Spektakelkunst erfinderisch in der Stanzung von Symbolen sein. Schröders Victory-Figur, Möllemanns Fallschirmsprünge, Westerwelles Containerbesuche sind archetypische Zeichen der *Mediokratie* – der Unterwerfung der Politik unter die Logik der Massenmedien, mit dem Ziel der Unterwürfigen, die Herrschaft über ihre mediale Erscheinung zu gewinnen.

Der Begriff Mediokratie bezeichnet die für den Totalboulevard typische Allgegenwärtigkeit der Massenmedien, die Politik nicht mehr abbilden und vermitteln, sondern das politische System kolonisiert haben, indem sie das politische Personal zwingen, ihre Bühnen zu betreten. Wer das Spiel nicht spielt, hat verloren. Wer es zu seinen Gunsten zu spielen versteht, kann Bundeskanzler werden. Die Massenmedien-demokratie hat die Parteiendemokratie weitgehend ersetzt, und das Parlament, könnte man sagen, hat die Aufgabe von Öffentlichkeit und Diskussion an die Talkshow abgegeben.

Mit »Sabine Christiansen« hat 1998 ebenso etwas Neues begonnen wie mit der Personifizierung des Politischen als Entertainment unter dem Blockbuster-Star Gerhard Schröder. Die sonntägliche Runde (die nicht »Talkshow« heißt oder »In der blauen Kugel« oder »Im Hauptstadtsalon«, sondern schlichtweg personalisiert »Sabine Christiansen«) ist das Plenum der Berliner Republik: »Die Themen der Woche«; »Die wichtigsten Akteure«. Bezeichnenderweise wird »Sabine Christiansen« nicht von der Politikredaktion der ARD betreut, sondern von der Hauptabteilung Unterhaltung. In wenigen Jahren stieg die Einschaltquote, wie die Zahl der Arbeitslosen, von 3,4 auf über 5 Millionen. Inzwischen ist die Politikvermittlungsshow ritueller Bestandteil der politischen Kommunikation mit der Bevölkerung. Kein Politiker kann es sich leisten, nicht bei der spitzmündig nuschelnden Christiansen aufzutreten. In der blauen Kugel in Berlin kann Politik gemacht werden. Anstrengende Argumentationsketten werden nicht aufgebaut, statt dessen klare, einfache, wohlkalkulierte Botschaften ausgesandt, Meinungen gesetzt – an Partei, Parlament, Fraktion und Moderatorin vorbei. So gehen die Regeln des Spiels.

Die Theatralisierung des Politischen

Die Mimesis des Politischen als *daily soap* basiert auf den vier klassischen Dimensionen der Theatertheorie: Inszenierung, Verkörperung, Performance, Wahrnehmung. Sie äußern sich durch Gestik, Sprechmodulation und Bewegung. Die Medien sind die Bühne, auf der ein Schein-, ein Testhandeln vorab inszeniert und dessen Wirkung abgewartet wird. Alles muß gegeben, alles bedacht sein: die Requisiten, der Hintergrund, die Stellung der Kameras. Für die politische Umsetzung der theatertheoretischen Botschaft bedarf es dann einer Hauptperson, deren Auftritt so inszeniert werden muß, daß sie von möglichst vielen wahrgenommen wird. Kanzler Schröder etwa rettet den Baukonzern Holzmann durch staatliche Zuschüsse. Auf der Bühne spricht er: »Wir haben es geschafft!« Die Belegschaft jubelt. Fotos und Fernsehbilder gehen in alle Provinzen. Sie zeigen: Da tut einer was für uns! Da ist einer für uns da, wenn es schlecht läuft! Da schützt uns einer! Premiere gelungen, Jubel, keine Buhs. Zweck erfüllt: Performance simuliert Wahrhaftigkeit; Köder angenommen; Wiederaufführung vorgesehen. Daß mittelständische Baufirmen an der Rettung des Riesen reihenweise Bankrott gehen, zeigen die Bilder nicht. Heute ist der gerettete Riese pleite. Davon flüstert kein Chor. Der Kanzler als Heroe im Scheinwerferlicht – diese Pose bleibt.

Die Krawall- und Klamaukerwartung auf dem Totalboulevard ist hoch und die Talkshow-Öffentlichkeit geradezu prädestiniert für die akustische Halluzination, das unumkehrbare Mißverständnis, das forteilende Gerücht. In der Talkshow offenbart sich, was den Boulevard als solchen kennzeichnet: das Verschwinden der Differenz zugunsten der Marke. Marken schaffen Vertrauen, weil sie allen vertraut sind. Es geht um Gefühle, nicht um Logik.

Am liebsten hat der politische Boulevard die politische Auseinandersetzung mittlerweile in der archaischen Form des Heldenkults: im TV-Duell. *Er oder ich. Sie gegen ihn.* Der gegen den. Der gegen die. Politik wird zur sportlichen Disziplin: Es wird einen Sieger geben und einen Verlierer. Alle können mit dem Helden jubeln und mit dem Verlierer leiden. Der Boulevardpassant ist dankbar fürs emotionale Ranking, das verschafft Orientierung und ist leicht verständlich. Personalisierung, Demoskopiegläubigkeit, Verpackungsmarketing, Ereignisstrategie und Themenmanagement sind die Bedingungen des politischen Kommunikationsdramas, das man *Amerikanisierung* nennt. Inwieweit sachliche Komplexität reduziert und vermittelt wird, scheint drittrangig.

Die Mediatisierung des Politischen gründet in einem lebensnotwendigen Verhältnis: Medien brauchen Politik zur Selbstlegitimation, und Politik braucht die Medien, denn Medien vermitteln Politik. Politik muß zum Volk gebracht werden, wenn das Volk nicht zur Politik kommt. Wo Volk ist, ist Öffentlichkeit, wo Öffentlichkeit, da Inszenierung. Je mehr Öffentlichkeit, desto mehr Inszenierung. Das höchste Gut im Kampf um Öffentlichkeit ist Aufmerksamkeit. Wo Fernsehen ist, da ist Aufmerksamkeit. Je mehr Fernsehen, desto mehr Aufmerksamkeit. Je mehr Aufmerksamkeit desto mehr Schauspiel. Der Verdacht scheint bestätigt, daß die politischen Repräsentanten notwendig Staatsschauspieler sein müssen. Volksnah. Formatgerecht. Im Sinne des angewandten Prinzips der kulturellen Evolution: *survival of the medienfittest.*

Die Theatralisierung des Politischen für die ständige Telepräsenz läßt sich bestens mit dem Begriff *Politainment* umschreiben – ein Ausdruck, der der wissenschaftlich abgestützten Amerikanisierung des Medienalltags westeuropäischer Kulturnationen in starkem Maße entgegenkommt. Er bezeichnet die symbiotische Verflechtung von Politik und Unterhaltungskultur. Politainment ist politisches Theater oder Theatralisierung des Politischen, je nach Notwendigkeit. Nie war die Personalisierung und Emotionalisierung von Politik so umfassend wie heute. Die Verschmelzung des Politik- mit dem Mediensystem führte zum ersten Mal im Bundestagswahlkampf 1998 zu starker Erwärmung und in bislang stärkstem Maße im Wahlkampf 2002 zu spürbarer Überhitzung. Manche verbrennen sich, manche werden verbrannt, wenn sie zum dauerpräsenten Personal einer *daily politsoap* werden.

Über das Fernsehen erreicht der Politiker das Wahlvolk in seinen Provinzen, zu 90 Prozent in Wahlkampfzeiten, zu 70 dazwischen. Wer nicht fernsehtauglich ist, ist nicht. Was nicht fernsehgerecht kommuniziert wird, ist nicht wirklich. Über das Fernsehen wird der Politiker sichtbar, über die Sichtbarkeit sinnlich erfahrbar. Sinnliche Erfahrbarkeit stellt Nähe her. Nähe gewinnt Stimmen. Politainment bringt das Politische, in welcher Qualität auch immer, in den öffentlichen Raum und in die Nischen einer von Politik gewöhnlich unberührten Gesellschaft. Es wird über das Politische diskutiert, und wo Diskussion ist, ist Ethos, und wo Ethos ist, werden Grundsätze verhandelt und Haltungen formiert, was wiederum politisch ist. Man kann ohne Verstoß gegen intellektuelle Redlichkeit anerkennen, daß Politainment bei allen Entartungen auch zu einer Stütze für die Stabilität in der bildfixierten Massendemokratie geworden ist.

Vorläufig letzter Newsletter aus dem Circus Maximus

Angela Merkel, dafür war der Bundestagswahlkampf 2005 zu kurz und überraschend, hat es nicht vermocht, Edmund Stoiber nachzufolgen. Der wurde ab 2002 gegen die inszenierte Lässigkeit Schröders als nicht-inszenierbarer Fachmann, Sachkenner und Arbeitsfreund inszeniert, weil jedem klar war, daß der äh-sagende, kompliziert formulierende Antipathieträger der aalglatten Leichtigkeit und Leichtsinnigkeit des »Medienkanzlers« unterlegen war. Stoiber wurde als Anti-Schröder in Szene gesetzt. Stoiber, der Ehrliche. Stoiber, der Kantige. Die inszenierte Gegeninszenierung sollte durch die Medien inszeniert werden. In der Erregungsdemokratie heißt so etwas *Professionalisierung*.

Angela Merkel hingegen ist weder Marke, noch hat sie ein Image (wenn Imagelosigkeit nicht bereits wieder Image ist). Natürlich war sie im Sommer 2005 auf einmal um zehn Jahre verjüngt auf Plakaten an den großen Einfallstraßen der Hauptstädte zu sehen, ein Wunderwerk der Schönheitsoperateure als Bildmanipulanten. Was blieb ihnen auch anderes übrig? Im Endspurt wurde die unterm Gesichtspunkt des Politainmentfaktors ästhetisch mangelhafte Kandidatin unerhört medienkompatibel gemacht, um dem TV-Schröder, der in diesen Tagen mit einer Kohlschen Aura gegenwartsvergessener Grimmigkeit auftrat, auch nur irgendwie das Bild zu reichen. Was gemeinerweise im Gedächtnis blieb, war der Achselschweißfleck ihres aprikotfarbenen Kostüms aus Anlaß der Bayreuther Festspiele, den manch öffentlich-rechtlicher Sender nicht als gegeben akzeptieren wollte und also retuschieren ließ.

Diesem bislang letzten Aufzug des Politainments vorausgegangen war die Premiere eines völlig neu geschriebenen Stücks. Politik als Staatstheaterposse erreichte ihren einsamen Höhepunkt am 1. Juli 2005, als der damalige Bundeskanzler Schröder »Die Vertrauensfrage« auf den Spielplan setzte und sich durch ein Parlament, dem er mißtraute, vertrauensvoll das Mißtrauen aussprechen zu lassen, um neues Vertrauen zu gewinnen. Also wurde durchaus vorhandenes Vertrauen als Mißtrauen gedeutet, um den Wunsch nach Auflösung des Bundestages begründen zu können, was letztlich gewonnenes Vertrauen bedeutet, denn ausreichend viele Abgeordnete entzogen ihrem Kanzler wie gewünscht das Vertrauen. Die Premiere der Posse »Mißtrauen gewonnen« lief hervorragend, die Medienmeute bildete alle ab, sendete live! hautnah! lebensecht! das Spiel der Dilettanten auf der Reichstagsbühne, die Performance war gegeben, die Wahrnehmung garantiert, alles war sichtbar bei hoher Anteilnahme der Bevölkerung. Das Bild des staatsmannspielenden Noch-Kanzlers ging in die Verwertungskette ebenso wie die Versprecher der bellenden Noch-nicht-Kanzlerin Merkel. Zaghafter Applaus, wenige Buhs, nur zwei Verfassungsklagen. Drei Monate später hatte Schröder es geschafft: Er hatte Angela Merkel das Kanzleramt geschenkt.

Seit Schröders Ende scheint die Regentschaft des Politainments in der Republik eine innere Reform zu erfahren. Angela Merkel und ihr Kabinett inkarnieren, bis zu widerlegenden Erfahrungen, den Sieg spröder Arbeits- über jede Form von Lust-Ethik.

Bekenntnisse eines Politischen

Unterstellen wir für einen Moment, Deutschland sei ein Museum geworden. Wie sieht es aus?

Ein ehrwürdiges Gebäude mit Portikus und Säulen mit Fries und der Inschrift DER DEUTSCHEN REPUBLIK. Auf dem Vorplatz stehen, auf ornamentverzierten Sockeln aus Granit, vier in den Himmel ragende Marmorsäulen. Darin eingraviert, mit reinem Gold beschichtet, von links nach rechts die bundesrepublikanischen Klassiker: Tarifautonomie, Sozialstaat, freiheitlich-demokratische Grundordnung, christlich-abendländisches Erbe.

Der Museumsbau, umrahmt von Gebäuden in ansprechendem Design aus Glas, hat drei große Säle mit der Dauerausstellung *Alte Meister* und drei kleinere Räume mit wechselnden Ausstellungen. Der erste große Saal ist Arbeitsgesellschaft, der zweite Bürgergesellschaft, der dritte Wissensgesellschaft benannt. Vom dritten geht eine Wendeltreppe in das Kellergeschoß des Museums, wo man Ikonen, Sakralgemälde und das mit wattstarken Scheinwerfern ausgeleuchtete Triptychon *Trümmerfrau, Volkswagen, Gerd Müller* bestaunen kann.

Im ersten Stock, architektonisch kühl, fast sachlich, mit Chromfassungen, Glasvitrinen und weißen Wänden, befin-

66

den sich die kleineren Säle mit den beiden Wanderausstellungen *Globalismus* und *Digitalkultur*. Am Ende, neben dem Museumsshop, gibt es seit neuem eine After-work-Club-Lounge und das Chillout-Café, das eine hervorragende Rhabarbersaftschorle anbietet.

Im rosafarben gestrichenen Saal 1 (Arbeitsgesellschaft) finden sich, unter dem Titel *Historismus und Industrialisierung*, die berühmtesten Klassiker des Hauses. Eine getrennte Doppelskulptur zeigt auf sehr realistische Weise linkerhand den Gewerkschafter, rechterhand den Arbeitgeber, bis hinein in die feinsten Aufwerfungen der Gesichtsfalten. Durch eine Glasvitrine geschützt, hängt in der Mitte das wertvollste Exponat, das zu unerhörter Berühmtheit gelangte Gemälde *Tarifautonomie*, Öl auf Leinwand, gerahmt in patinierter Bronze.

Der alte Saal 2, Bürgergesellschaft, blau gestrichen, beherbergt eine Reihe mit Werken abstrakter Malerei. Besonders gelungen sind die Bild-Epen »Kommunitarismus«, »Zivilcourage«, »ewiger Fortschritt« und »Diskursethik«. Auffällig ist hier der kleine Anbau mit den Tuschezeichnungen *Ästhetizismus und Visionen I–IV (ohne Titel)*.

Der dritte und in grün gehaltene Saal Technikgesellschaft zeigt vornehmlich großformatige Fotografien. Eine Reihe widmet sich dem Thema Biotechnologie, eine weitere dem Transrapid. Eine Videoinstallation rückt, grobkörnig aufgenommen, das Leben der Tele-Gesellschaft ins Licht, und ein auf die Wand gesprühter Gedichtzyklus über den Digitalen Kapitalismus gibt sich als Poesie des neuen Jahrhunderts aus.

Dieses ehrwürdige »Haus der Republik« ist das deutsche Nationalmuseum. Die Vernissage der Dauerausstellung BRD liegt auf den Tag genau zwanzig Jahre zurück. Aus Anlaß seiner Renovierungs- und Restaurationsphase im folgenden einige grundsätzliche Überlegungen.

Bei allem Respekt sei festgestellt: Die Bundesrepublik hat sich in ihrem Wesen überlebt. Gewiß, ihre Fassade ist schön und stabil, aber sie steckt voller Fossilien. Sie ist ihr eigenes Museum geworden. Sie ist die Alte Republik, eine zum Begriff gewordene Aussage vergangener Zeit. Sie ist konservierte Historie. Die Bundesrepublik ist museal, weil sie die Vergangenheit erfolgreich vor der Zukunft schützt. Global verfestigen sich die Strukturen eines kulturellen und ökonomischen Paradigmenwechsels, dessen Ausprägungen Mobilität wie Flexibilität sind, was jeder Gesellschaft neue Ordnungsstrukturen abverlangt.

Deutsche Tugend, erstens, ist die Beharrlichkeit. Seine Beharrlichkeit aber ist Deutschlands Verhängnis. Deutsche Tugend, zweitens, ist Disziplin. Disziplin ist seit jeher Deutschlands Tragödie. Die Republik stellt eine unerhört kraftvolle Beharrlichkeit zur Schau, sich dem Fortgang der Dinge diszipliniert zu verweigern. Und irgendwann wird uns unsere Tragödie zum Verhängnis.

Die deutsche Gesellschaft hat eine hinreißende Meisterschaft entwickelt, den Fortschritt, wo immer möglich, durch Zerreden erst einmal am Fortschreiten zu hindern. Der Deutsche ist ein Nörgler. Sein Wesen ist negativ, sein Denken vollzieht sich in der Negation. Bisweilen zeigt sich die Negation bürgerlich streng, wenn nötig aggressiv, meist aber ein wenig temperamentlos. Die Ablehnung gründet in der deutschen Angst vor Unordnung. Was sich bewährt hat, das ist gut. Was in Zukunft kommt, hat sich noch nicht bewährt. Kann es also gut sein?

Wenn sich Neuordnungen nicht mehr zernörgeln lassen, werden ihre Innovationen mit Disziplin und Beharrlichkeit einverleibt, und die Deutschen sind wieder einmal kraftmeiernd kaiserlich, großmachtmeisterlich, weltmeisterlich.

Viel von dem, was derzeit in der Diskussion um das bundesrepublikanische Selbstverständnis, um soziale Identität und gesellschaftliche Daseinsbestimmung, um die Frage, was fürs Gemeinwohl vital, was letal ist, zu beobachten ist, erklärt sich aus jenem schizoiden deutschen Wesen, das reaktionär ist in der Erkenntnis und visionär in der technischen Umsetzung.

Das deutsche Definitionsdilemma zeigt sich symbolisch am Kündigungsschutz, der, könnte man behaupten, die Chiffre des finalen Klassenkampfes zwischen Alter und Neuer Republik, zwischen alter Ordnung und neuer Unordnung ist. Für Gewerkschaften ist der Kündigungsschutz eine Semiotik der Macht: Einst angetreten für den sozialen Fortschritt, trotzen DGB, IG Metall und ver.di als scheinbar letzte Anwaltskammern des herkömmlichen Menschen den Zumutungen der Zukunft. Kündigungsschutz, der Kampf um den unveränderten Flächentarifvertrag und das Arbeitslosengeld sind ihr Geschütz gegen die neue Stufe kapitalistischer Evolution, der Markt verändert sich laufend, das ist seine Logik. Das Soziale der künftigen Marktwirtschaft organisiert sich nicht über Tarifautonomie und Klassenkampf dort, wo es keine Tarife und Klassen mehr gibt.

Sollten wir aber nicht froh sein, daß der einzelne gegen neoliberale Willkür und turbokapitalistisches Schicksal geschützt wird? Sollten wir den Sommers, den Peters, den Engelen-Kefers und Bsirskes nicht dankbar sein für ihre disziplinierte Beharrlichkeit, die alte Ordnung gegen den wilden Strom der Wirklichkeit zu verteidigen – mit Maximalforderungen für höhere Staatsausgaben, Vermögenssteuererhöhungen, Arbeitnehmerrechte? Oder sind das nur Hilfeschreie aus der alten, der verlorenen Heimat, einem schimmeligen Biotop aus Interessen mit antiquarischem Wert?

Wie so oft bleibt man auch hier unentschieden: Betriebsräte sind im einen Fall ausschließlich Betonköpfe, die die Kränkung, nicht mehr gebraucht und vom Gang der Dinge links liegengelassen zu werden, schlecht verkraften und das Tempo der Beschleunigung nicht mitzugehen in der Lage sind; die sich stur hinter ihrer Festung verbarrikadieren und ins gewärmte Nest der klassenkämpferischen Geschichtsbetrachtung legen. Im anderen Fall ist man ihnen dankbar für die Sorge, die sie für den einzelnen tragen, für eine Politik, in der die Priorität des Menschen vor dem System garantiert scheint.

Im Reservat der Gewerkschaften, urteilt nun aber die Geschichte, sind die Blüten vergilbt. In der neuen Heimat des digitalen Spätkapitalismus entfalten sich die virtuellen Blumen computeranimierter Herrlichkeit, schicken ihre Samen von Bildschirm zu Bildschirm, versandt per *attachment* durch die Netze des World Wide Web. Die Alte Republik ist zumeist Biedermeier wie ihre politische Klasse höchstselbst. Das Gespür für den Wandel von der materialistischen zur immateriellen, von den Parametern der fühlbaren, herstellenden, exportierenden Epoche zu jener der digitalen, unwirklichen, netzwerkgestützten ist ihnen verlorengegangen. Solcherart sind Probleme einer offenen Gesellschaft, die geschlossen denkt. Die stets vorausgesetzte, vertraute, kontrollierbare Einheit des Sozialen, Demokratischen und Christlichen ist nicht mehr gegeben. Von keinem dieser drei bundesrepublikanischen Gründungsmythen gibt es heute eine zeitgemäße Idee – nicht, weil es überhaupt keine Ideen mehr gibt, sondern weil die Grundlagen des Sozialen, Demokratischen und Christlichen entfallen sind. Die klassische Moderne ist durch.

Aufbruch und Abbruch

Nach der Wahl Gerhard Schröders zum Kanzler 1998 war Deutschland ein bißchen mehr zu sich gekommen, indem es von der Alten Republik weggerückt war. In Schröder und den Achtundsechzigern gestattete sich die Republik, eine bis dahin unter Verschluß gehaltene gesellschaftliche Wirklichkeit zuzulassen: ihren eigenen Widerspruch. Die lichtvollen wie die teilbelichteten Schattenseiten, eine juvenile Vitalität und die ästhetische Revolte gegen das Kohlrouladendeutschland und seine Verkörperung des ständischen Prinzips cliquenhafter Zugehörigkeit.

Die dreißigjährigen ICHlinge, beschienen von der Sonne geistig-moralischer Müßigkeit der Vater-Kohl-Ära, erkannten in der rotgrünen Gesellschaftspolitik jene Befreiung, die ihrem postmodern verfaßten Leben entsprach. Mit Kohl war Hölderlin gegangen, mit Schröder Rilke gekommen. Kohl, Kinkel und Kanther waren die Verkörperungen des muffigen Stilwillens der Bonner Provinz. Schröder, Fischer und Trittin galten als Symbolfiguren der Kulturrevolution in den end-sechziger Jahren und schufen, verkehrte Welt, die revolu-tionslose Kultur der Berliner Republik.

Kohl, Kinkel und Kanther waren die unsportliche deut-sche Landespolitikerattitüde, eine gewisse Antithese zur ho-hen Repräsentationskultur französischer Art einerseits, zur Steifheit der Adenauerschen Restauration mit Moselriesling und zigarrepaffenden Frackträgern samt ausrasiertem Hals andererseits. Schröder und Fischer aber spiegelten die an-dere Republik, die anarcho-rebellische, vitale, sie waren Spieler, Sportler und Stimmungsdemokraten. Der rot-grüne Hedonismus war der der postmodernen Lebenswelt: das Prinzip Lust.

Ab 1998 war die Republik jünger geworden, leichtfüßi-ger, wärmer, weicher, offener, öffentlicher und seinen in-neren Brüchen gerechter. Mit den Achtundsechzigern war ein Typ Deutschlandbürger samt Verhaltensform an die Macht gekommen, der den innerdeutschen Kulturkonflikt am eigenen Leibe erlebt hat: die Emanzipation der Sub-kulturen von den traditionellen Verbänden, die Befreiung aus den starren Bindungsformen durch selbstgewählte Be-ziehungen. Die Achtundsechziger brachen ja mit schein-bar unabänderlichen Konventionen und gesellschaftlichen Zwängen und etablierten die Herrschaft des eigenen Gustos. Soziale Kontrolle durch Hierarchie wurde ersetzt durch Selbstbestimmung und gelebte Spontaneität. Der persön-liche Stil wurde wichtiger als die Zugehörigkeit zu einem Mi-lieu. Die Hochkultur wurde herausgefordert; Abgrenzung stellte sich, wenn überhaupt, über Stil her und nicht mehr über Erbe.

Schröder umgab sich mit Dichtern der Popkultur (und wußte vielleicht nicht ganz genau, was ein Sonett ist), schätzte moderne Kunst (von deren inneren Wert er vielleicht nicht allzu viel verstand), trug Brioni-Anzüge zur Schau, deren Eleganz ihn, den biertrinkenden Emporkömmling, durchaus überforderte. Aber er tat es. Er machte was. Er probierte. Er war der Inbegriff des Pragmatikers der Neuen Mitte. Er war der groß gewordene Kleinbürger der neuen Bürgergesellschaft (und Kohl war der kleinbürgerliche Große der alten Risikogesellschaft). Respekt vor Heiligkeiten kannte er so wenig, wie es die ICHlinge kennen. Er hob die Achsen zwischen links und rechts auf und kündigte die historisch gesicherte Konsensdemokratie, indem er Politik gegen die eigene Klientel veranstaltete. Er setzte auf Öffentlichkeit, Erscheinung und Emotionalisierung. Er repräsentierte die enttheoretisierte, letztlich entpolitisierte Politik und war deshalb der postmoderne Kanzler schlechthin. Er war der *prima poeta* des Politainments und der offenen Erlebnisgesellschaft.

Kohl dagegen, mit dem die ICHlinge groß wurden, war die Kontinuitätsbehauptung der wilhelminisch-konservativen Nachkriegsväterlichkeit, und sein einstiges »Mädchen« Angela Merkel verkörpert nun die radikale Poesielosigkeit einer unpoetischen Gesellschaft. Nach ihrer erzwungenen Wahl zur Kanzlerin ist Deutschland zu sich zurückgekehrt: ins Reich der musenlosen Biederkeit. Das Abenteuer der gesellschaftspolitischen Expedition ist beendet, das sozialdemokratische Zeitalter definitiv zu Ende. Nun zieht der denkwürdige Charme eines freudlosen Kulturprotestantismus im Gefolge einer Neuen Sachlichkeit ein.

Das wohlfeile, erwartbare, vermehrt stattfindende Acht-
undsechziger-Bashing jedenfalls, wenn gerade jene, die von
gewandelten Wertvorstellungen profitiert haben, die Achtundsechziger für den sogenannten Werteverfall verantwortlich machen, ist geradezu dümmlich.

Das Ende der Berechenbarkeit

Was konservativ im politischen Sinne heute heißt, ist für nie-
manden mehr zu sagen. Die konservativen Parteien haben
keine Idee von Konservatismus im Zeitalter der pluralen
Wert- und Weltanschauungen, so wenig, wie die liberalen
eine von sich als liberal hätten.

Heute ist das Linke dort, wo die größten Konservativen
linken Traditionsbestand als Wechsel auf eine rosigere Zukunft ausgeben. Eine Sozialdemokratie im Sinne einer kohärenten, geschlossenen Programmatik gibt es nicht mehr. Das
Konzept des demokratischen Sozialismus ist historisch verbrannt. An die bessere Zukunft mag keiner glauben, nur an
die besser gewesene Vergangenheit.

Früher war die Linke die Beschleunigerin des Fortschritts
gegen die konservativen Beharrer. Heute sind versprengte
Linke Entschleuniger des Fortschritts, sind ehemalige Linke
Mittige, und einst beharrende Konservative heften sich an
die Fersen des davoneilenden Digitalkapitalismus mit seinen
Hybridnetzen, Hypertexten, Online-Diensten und Daten-
welten im Cyberspace.

Aus der Republik rheinischen Zuschnitts ist ein globaler
Marktplatz geworden, der an seine moralischen Grenzen geraten ist. Alles ist in der Ideen-Krise. Die Nation. Der Staat.

Das Sozialsystem. Die Parteien. Die Publizistik. Einschnitte folgen. Abschnitte gehen zu Ende. Milieus sind zersplittert, Identitäten fragmentiert. Büros verwaisen, Fabriken zerfallen. Soziale Gerechtigkeit ist ein leeres Schlagwort (wie auch sollten sich in einer global sich selbst organisierenden Marktwirtschaft Gerechtigkeit für Millionen organisieren und ein Gesamtergebnis voraussagen lassen, das dann auf den einzelnen zu verteilen wäre?). Ein objektiv gerechtes Leben ist eine naive, also ideologische Illusion. Vollbeschäftigungsansprüche gibt es nicht mehr, wenn es sie in einer freiheitlichen Ordnung je gab, und jetzt wirft der Wohlfahrtsstaat seine Enkel ins kalte Wasser der Eigenverantwortung: Kapitaldeckung des Alters ohne Kapital.

Der alte Traum ist ausgeträumt. Jetzt wird dereguliert und kapitalisiert. Das soziale Band könnte reißen, staatsbürgerliche Solidarität bröckeln. Jeder gegen jeden. Anspruch gegen Anspruch. Irgendwann ein Bürgerkrieg. Und kein souveräner Souverän mehr, der austariert.

Als Kinder des Heterogenen und der Mehrdeutigkeit haben die ICHlinge keinen homogenen Politikbegriff mehr. Seit 1985, spätestens aber seit 1989, als die Mauer fiel, gab es keine verbindlichen, meßbaren Parameter mehr, nicht mehr den »guten« Westen und das »Reich des Bösen« (diese dem nordamerikanischen Kulturkreis eigene Holzschnittart existiert erst wieder seit der Erfindung guter und böser Achsen unter den politischen Feingeistern der George-W.-Bush-Administration). Als Ratlose und Ohnmächtige verstehen die ICHlinge unter Politik nicht mehr Volksparteienpolitik im christ- oder sozialdemokratischen Sinne; ihr Begriff des Politischen ist nicht mehr an Ideen, Programme oder Parteien gebunden. Sie halten nicht an Milieus fest, weil es eindeutige nicht mehr gibt. Die Volksparteiendemokratie geht zu Ende, weil das Volk in heterogene Völkchen zerfasert ist und die Zukunft in koexistenten Gruppierungen und ihren Koalitionen liegen wird.

Die großen Parteien, deren Organisationsform der sechziger, siebziger Jahre heute fragwürdig und morgen überholt ist, verlieren und verspielen eine gesamte Generation. Fast unsinnig erscheint es dem ICHling, in ein System hineinzuwachsen (und es also zu nähren und zu erhalten), das den zeitgemäßen Ansprüchen nicht mehr genügt, weil seine Bedingungen überlebt sind: Parteizugehörigkeit, Milieuverhaftung, Ideologiefestigkeit. Welcher Dreißigjährige hat die Haltung, sich gegen Männer und Frauen der Alten Republik in den Hinterzimmern politischer Kreisverbände als Vertreter einer neuen Republik zu positionieren? Wer hätte Lust, sich auf bekannte Weise parteihierarchische Sporen zu verdienen, morgens um sechs Uhr aufzustehen, Plakate zu kleben, in bierseligen Hinterzimmern oder neben werbenden Außendienstmitarbeitern von American Express oder dem Arbeitersamariterbund unter weizengelben Sonnenschirmen auf Kleinstadtmarktplätzen einer von Erklärungen übersättigten Wählerschaft halbheroisch das Parteiprogramm zu kredenzen, hinter dem man ohnehin nicht steht?

Unpolitisch sind die ICHlinge keineswegs. Das Politische vollzieht sich für sie in Projekten und Episoden. Das »Projekt« ist ein politisches Anliegen für den begrenzten Moment: Hilfe für Afrika, Kritik an Globalisierung, Ethik für Tiere, Kampf gegen Beschneidung. Das Politische offenbart sich als

Ausdruck eines individualisierten Lebens- und Protestgefühls gegen das Schicksal. Die Bedingungen für ein gelingendes Leben zu schaffen – *das* ist für die ICHlinge politisch. So wie der Arbeitsmarkt der Zukunft keine geschlossenen Büroräume mehr kennen wird, keine von Chefs geleiteten Einheiten und Ressorts, nur noch mobile Arbeitsmodule, so wird auch die Gesellschaft eine solche von lauter Modulen sein: Man dockt hier an, dann dort, dann zieht man weiter. Als *multitasker*, die in der Gleichzeitigkeit leben und zu gleicher Zeit allerlei Aufgaben bewältigen, existieren die postmodernen Kinder in der Permanentverschiffung ihrer selbst: von der jeweiligen Parzelle des Daseins aus weiter zur nächsten Etappe. Sind sie auf Etappe eins, spielen sie Rolle a und müssen ihr Verhalten an die Regeln des Subsystems Alpha anpassen. Sodann setzen sie über auf Etappe 2, spielen Rolle b und bewegen sich in Regelwerk Beta und so fort. Sie wechseln den Job oder hüpfen in ein neues Praktikum oder lassen sich auf ein bislang unbekanntes Projekt ein, dessen Ziel nicht absehbar ist. Zeit bleibt nicht. Nichts ist von Dauer. Langfristig wird nicht geplant, weil nichts mehr eine lange Frist hat und der Terminus Länge auf keiner bindenden Übereinkunft mehr basiert. Das ist die kulturelle Evolution, die nach *trial and error* verfährt: Nichts ist berechenbar, keine Ordnung verbindlich. Man richtet sich in Intervallen ein, nicht mehr im Leben.

Die Dreißigjährigen pflegen weder radikale Juvenilität noch juvenilen Radikalismus. Sie sind jung ergraut, abgeklärt, von einer merkwürdigen Besonnenheit und Weisheit, als könne sie nichts mehr erschüttern. Vielleicht bewundern sie rückblickend die barocke Streitlust der Grünen und der politisierten Jugend, als es noch einen Willen zum Wollen gab und eine Waagschale, in die man sein Herz werfen konnte, mit Pathos und Enthusiasmus, mit tremolierender Stimme und Schweißrändern um die unrasierten Achseln. In den Siebzigern und Anfang der Achtziger skandierten sie als Ostermarschierer gegen die Aufrüstung, gegen Wackersdorf, gegen die Startbahn Frankfurt-West, gegen Volkszählung und Golfkrieg. Es waren Stellvertreter-Proteste, die im eigentlichen auf die grundsätzliche Veränderung abzielten, auf eine ideologisch abgestützte Demokratisierung der Demokratie.

Heute enthaaren sich selbst Männer, und die Protestformen sind boulevardisiert. Die ICHlinge haben von den alten Kämpfen profitiert und sich ins gemachte Bett gelegt. Es ist wenig geblieben vom existentiellen Ernst der einstigen Revolten. Proteste sind heute Teil der Popkultur und werden von derselben vereinnahmt, bis ihnen der kritische Sinn ausgetrieben ist. Bei den gängigen Boulevard-Protesten ist das sozialromantische Element wichtiger als der inhaltliche Anlaß: das wärmende Wir-Gefühl, der Happeningcharakter der Party. Ein leitmotivischer Generalbaß ist nicht zu hören bei all den legitimen Chören gegen amerikanische Kriegstreiberei, den Quartetten gegen Studiengebühren, den Arien gegen G7 und die Kesseltaktik irgendeiner Polizei.

Vielleicht ist die sanfte Resignation ehrlicher. Die Theoretisierung und Verschlagwortung des Politischen führte schließlich zu nichts. Das Projekt Moderne ist da angekommen, wo WIR sind: in der Sackgasse.

Verselbständigung der Neuen Mitte

Die Bühne des politischen Boulevards ist die Neue Mitte, die sich seit Mitte der achtziger Jahre generiert und bis heute verselbständigt hat. Die Neue Mitte ist der Ort, der alle Gegensätze in sich aufnimmt. Im Nichts dieses schwarzen Lochs hat die Konsensgesellschaft ihr Zuhause. Konflikte gibt es nicht, weil der überlebensnotwendige Liberalismus dieser Mitte alles erduldet. Er wehrt sich nicht. Niemand wehrt sich mehr. Alles ist sozial und politisch korrekt. Korrektheit ist nicht mehr normativ angebunden und moralisch aufgeladen. Sie ist Selbstzweck. In der Mitte haben sich logischerweise die Antagonismen aufgelöst, die Traditionen und Lager. Wer die Mitte nicht findet, ist Unterschicht. Die Unterschicht beweist, daß die Idee sozialer Gleichheit fehlgeschlagen ist. Unterschicht ist eine Gruppe, die aus dem gewohnten Schema sozialer Gleichheit in der BRD herausgefallen ist, sich in erträglichem Elend eingerichtet und in sich zurückgezogen hat. Sie lebt auf natürliche, sprich sozialstaatliche Art abgefedert am unteren Rand der Mittelschicht, nicht wirklich arm, nicht im Ghetto, aber auch nicht in die Gemeinschaft integriert. Es sind die dauerhaft Arbeitslosen zwischen dreißig und sechzig, die sich aufgegeben haben, wie auch die Neue Mitte sie als nicht mehr rückholbar geopfert hat.

Bis 1985 waren fast alle politischen Ideen rückwärts blikkend begründet: der deutsche Verfassungspatriotismus, der Parlamentarismus, das Projekt Europa. Diese Projekte gebaren sich aus der Negation gegen das Dritte Reich, als Eingeständnis des Verbrechens an der Menschheit und der Lehre aus dem nationalen Imperativ *Nie wieder Krieg!*

Die ICHlinge leben im Danach der verselbständigten Mitte. Sie definieren sich über das Hier und Jetzt und immer mehr über die Morgenröte des nächsten Tages. Sie sehen in der Politik der Zukunft eine Art therapeutische Lebenshilfe: das politische Personal als kommunikatives Medium im Prozeß der Vermittlung von Bürger und Globus. Der Politiker der Zukunft, wenn er heute ICHlings-Alter hat, wird ein an Problemlösungen interessierter Therapeut sein. Er wird das kleine Leben des einzelnen mit der Weltgesellschaft koordinieren müssen, er wird ein Lebenskonzepte-Mediator sein, Übersetzer für all die, die der digitale Kapitalismus und seine Oligopole auf der Strecke lassen wird. Und all jene, die überflüssig werden, austauschbar, unbrauchbar, werden sich, um die Ressourcen fürs Überleben zu sichern, in bürgerkriegsähnliche Zustände begeben: in das Alltagsduell um Nahrung und Anerkennung. Unterschicht gegen Mittelschicht, Mittelschicht als künftige Unterschicht gegen Oberschicht, bis die Oberschicht flieht oder sich auflöst oder zurückschlägt. Ein Regreß in voraufklärerische Zeiten, als der Mensch des Menschen Wolf war. Ein Sozialstaat wird die Kriegsflüchtlinge nicht mehr auffangen. Sie müssen sich selbst auffangen. Je mehr man erfährt, lautet eine sokratische Weisheit, desto mehr weiß man, daß man nichts weiß. Das Wissen ums eigene Nichtwissen in der Wissensgesellschaft sitzt tief, die prinzipielle Unsicherheit darüber, was richtig und falsch, wahr und unwahr, wirklich oder virtuell ist. Also betreiben die heterogen geprägten Zöglinge Graswurzelpolitik. Eine stille Revolte. Ihre subjektive Gestaltung kleiner Netzwerke ist eine neue Form der Zivilgesellschaft. Sie navigieren durch das Feld möglicher Behausungen. Sie sind die Bürger der Zukunft, die Prototypen des nomadischen Menschen. Sie sind »Mini-Jobber« im postsozialen Weltstaat. Sie sind *standby* und allzeit bereit. Sie wissen, daß sie eigenverantwortlich, effizient, treu, flexibel, durchsetzungsfähig, innovativ, mobil und beständig sein sollen; und zugleich kreativ, kinderlieb, streßresistent, daueraktiv, familienfähig.

Die ICHlinge sind sprunghafte Wechselwähler, keinem traditionellen Block verhaftet. Sie wählen nicht nach Konfession oder Klasse, sondern nach Lifestyle und Lebenswelt. Man hat ihnen erklärt, die Geschichte sei zu Ende, dann hat man ihnen den Kampf der Kulturen erklärt, jetzt finden sie sich inmitten eines Kriegs der Religionen: christlich-fundamentalistischer Kapitalismus gegen radikalislamische Apokalypse (wobei die Frage unbeantwortet bleiben muß, wo Grund, wo Folge liegt). Missionseifer und Messianismus, Hightech-Gewalt und Selbstmordbomberei: ein Rückfall in die geistige Barbarei ist beides. Es entspricht sich in seiner geistigen Logik.

Wenn heute etwas zurückkehrt, sind es nicht die Religionen; es sind die dogmatischen Ideologien.

Die unintellektuellen Intellektuellen

Die Sartres sind ausgestorben. Mit ihnen gegangen ist die Gattung des für alle sicht- und hörbar philosophierenden Schriftstellers oder schriftstellernden Philosophen, der Klugheit mit dem Engagement fürs Gemeinwohl vereinte. Es gibt ja außer Günter Grass ohnehin keine politisch engagierten Intellektuellen mehr (und jene des intellektuellen Politikers gab es höchst selten). Die intellektuellen Schreibdenker sterben aus. Selber denken ist gefährlich und macht einsam. In vereinzelten Zeitungshäusern sitzen noch versprengte Mitdenker, die vermutlich letzten ihrer Art, entweder müde gewordene oder resignierte oder akklimatisierte oder ruhiggestellte Leitartikler. Auch der intellektuelle Journalismus ist auf den Boulevard gekommen: Grundsätze werden kaum mehr verhandelt, Debatten über lange Zeiträume selten geführt. Die historische und kulturelle Bildung der Sommerinterview- und Polit-Journalisten ist ähnlich dünn wie jene der befragten Politiker. Ab und an tröpfelt der medialen Inszenierungsroutine ein politisches Feuilleton ab; Wille und Wut sind nicht sichtbar. Lieber werden Interviews geführt und gedruckt. Die immer gleichen Fragen an die immer gleichen Personen des öffentlichen Lebens mit den immer gleichen Antworten. Auf angenehme Weise schützt die reine Fragestellerform ja auch vor der Unfähigkeit, Zusammenhänge zu erkennen und prädikativ zu Ende zu denken, so daß eine anregende Syntax entsteht. Der Interview-Journalist kann seine Unwissenheit hinter der wirklich oder scheinbar naiven Frage verstecken, weil er das Interview nicht als Erkenntnisform auf Augenhöhe begreift, sondern als Anschmiegeleistung an die Prominenz des Befragten.

Die ICHlinge sind im besten Falle unintellektuelle Intellektuelle. Intellektuelle Revolutionäre sind sie nicht. Sie sind Evolutionäre. Sie akzeptieren die allmähliche Entfaltung. Sie sind ideologisch gleichgültig. Sie schwimmen mit dem Strom. Wenn ICHlinge Kulturkritik betreiben, so beschränkt sich dieselbe auf die Ironisierung der Defekte. Einen konstruktiven Wurf wagt niemand, denn Visionen müßten per definitionem ein erreichbares Ziel vor Augen haben, das nicht täglich von der Wirklichkeit überholt zu werden droht. Wenn die Passanten des Totalboulevards ihre lebensbejahend dem Pragmatischen zugewandte Haltung von einem Bildungsbürger oder einem Achtundsechziger beschreiben lassen müßten, so würden sie noch immer als entpolitisierte Hedonisten der Spaßgesellschaft apostrophiert werden. Warum nur?

Alle um 1985 kulturell Sozialisierten kennen die die Gesellschaft prägenden Strömungen der sechziger und siebziger Jahre nicht mehr, den akademisch durchbuchstabierten Sozialismus, den kämpferischen Neomarxismus; den Marxismus ohnehin nicht. Sie kennen nicht einmal mehr seine Grundbegriffe oder Werktitel. Es sei sogar behauptet, daß so gut wie keiner, der sich nicht in den Nischen philosophischer Fakultäten oder politikwissenschaftlicher Institute aufhält, Marx oder Engels primär gelesen hat und deren Thesen im Kontext wiedergeben kann. Genauso verhält es sich mit Freud und der Psychoanalyse, und wer von denen, die wie selbstverständlich das Wort »liberal« aussprechen, ist im Bilde über das Werk Ralf Dahrendorfs?

An die Stelle thetischer und substantieller Auseinandersetzung mit Philosophen, Soziologen, Ethnologen, an Stelle
der Auseinandersetzung mit dem Wissen über die Welt, ist
bei den ICHlingen geistreichelnder Pragmatismus getreten.
Sie sind ja wahrlich nicht weniger schlau oder weniger ehr-
geizig als alle vor ihnen. Sie sind es nur anders, weil sie nichts
mehr wollen, weil sie nichts mehr wollen können. Sie sind in
ihrem Wollen gehindert worden. Die Wunschverhinderungskultur hat, wie gesagt, keine materiellen, aber eben auch
keine intellektuellen Sehnsüchte entstehen lassen.

Den Wandel der Philosophien kann man im übrigen auch
in der Beletage deutscher Intellektualitätsfertigung erkennen. Die Alte Republik hat noch ihren Habermas, die Berliner schon ihren Sloterdijk. Peter Sloterdijk und der Slowene
Slavoj Zizek sind die beiden lautstarken Denker der Mehrdeutigkeit, beides wilde Assoziationsakrobaten, zeitgemäß
im besten Sinne, medial dauerpräsent, provokativ und von
der akademischen Wissenschaft skeptisch beäugt. Der Weg
von Habermas zu Sloterdijk mag den Weg von der Bonner
zur Berliner Republik verdeutlichen. Habermas, der religiös
unmusikalische Sozialphilosoph, vertritt die reine und die
praktische Vernunft aus der Tradition der Aufklärung, Sloterdijk, der verraunte Ideen-Monteur, die ästhetische Ur-
teilskraft der vernunftkritischen Postmoderne. Habermas
leitet Begriffe und Kategorien ab, Sloterdijk assoziiert. Um
es boulevardesk zuzuspitzen: Logik gegen Patchwork. Bislang scheint es, als behalte die Alte Republik die Oberhand,
obwohl Sloterdijks berüchtigte Rede über Züchtungsphan-
tasien im Menschenpark im Juli 1999 der indirekte Versuch
eines Königsmords an Habermas und der alten Tradition lu-

zider Vernünftigkeit zugunsten einer diffusen Großartigkeits-
attitüde war …

Generell charakteristisch für den intellektuell sich gebär-
denden ICHling ist die popkulturelle Vereinnahmung frei
flottierender Zitate von, sagen wir, Nietzsche oder Adorno
oder Roland Barthes oder Michel Foucault. Das ist schick,
das kommt an. Niemand wird einen der Unwissenheit ver-
dächtigen, weil niemand diese Zitate einordnen kann, so er
sie überhaupt kennt. Auf diese Weise perpetuieren sich Halb-
wissen und Nullwissen. War der Intellektuelle einst Huma-
nist mit dem Anspruch universaler Bildung, sodann agitato-
rischer Aufklärer, sodann Advokat der Kulturkritik, der sich
stets mit groß geratenen Argumenten an den Debatten der
demokratischen Öffentlichkeit beteiligte, so sind dem Schoß
der Ratlosen und Erschöpften in den vergangenen Jahren
vornehmlich Schwätzer und Pfaue entfleucht, Befindlichkeitsprosaiker oder Schmalspurpublizisten ohne sozial- oder
kulturkritisches Anliegen. Da geht es um ästhetische Ereignisse oder kuriose Details, um Geschmack und Stilformen,
um Phänomene. Ums Grundsätzliche geht es nicht.

Nein, es ist kein Sartre in Sicht, obwohl man heute nichts
dringender bräuchte. Diese Art Sartre muß nicht fünfund-
dreißig sein, aber schlecht wäre es nicht, denn Deutschland
ist keine Intellektuellenrepublik mehr. Deutschland ist keine
Republik von Intellektuellen, die verläßlich die Stimme öffentlich gemachter Vernunft und Kritik sind und sichtbar
Position beziehen. Bisher brauchten die Intellektuellen geschlossene Theorien. Solche Theorien gibt es nicht mehr. Für
die zählbaren Intellektuellen alten Schlags aber muß es eine

unerhörte narzißtische Kränkung sein, daß die Wirklichkeit mit der Theorie in Konflikt geraten ist und bis auf weiteres gesiegt hat.

Am Schluß: Schmidt statt Strauß

Die früher lauten Protagonisten der verworteten, namentlich verantworteten Kultur- und Systemkritik schweigen heute eher hilflos als vornehm. Martin Walser, Hans-Magnus Enzensberger, Botho Strauß, Peter Schneider: Sie sind die Ikonen der Alten, verschriftlichten Republik. Statt ihrer treten die Boulevard-Intellektuellen auf den Schirm und in Sichtnähe. Die Leit-Lichter der Mediokratie heißen Harald Schmidt, Stefan Raab und Günther Jauch. Statt konstruktiver Kritik bemühen sie, in Schmidts Fall, zersetzenden Sarkasmus, in Raabs Fall primitive Süffisanz und, im Fall von Jauch, eine harmlos-heimelnde Allgemeinmenschlichkeit. Sie sind die Ikonen der neuen, verbildlichten Republik.

Harald Schmidt ist der Zeitgeist-Entertainer schlechthin, in seiner Fangemeinde vereint sich das gehobene mit dem Kleinbürgertum. Mit Spott und Sarkasmus führt er die Banalität des Politainments, die Groteske des Alltags und die Idiotie der Mediokratie vor und sich selbst also ad absurdum. Es ist Gesellschaftskritik als Unterhaltung, der versteckte Ruf nach Norm und Verstand mit der Stimme des Zynikers. Wie kein anderer hat Schmidt das Leitmotiv der Postmoderne perfektioniert: Ironie. Als scheinbarer Intellektueller ironisiert er die Wirklichkeit, um sich im nächsten Augenblick selbst als Ironiker zu ironisieren. Niemand kann sagen, welche Positionen der Ironiker tatsächlich besetzt und vertritt. Die

Ironie erledigt, zermalmt und schluckt alles. Sie ist so undurchschaubar, daß sie die beste Rüstung für eigene Unzulänglichkeiten ist. Sie macht jede moralische Kritik unmöglich, weil sich der Kritiker der Sauertöpfigkeit aussetzt. Letztlich macht Ironie den TV-Intellektuellen unangreifbar, weil er seinen Geist nicht in die Arena der Auseinandersetzung werfen muß. In der Romantik des 19. Jahrhunderts war Ironie ein intelligentes Vehikel inhaltlicher Kritik. In der Spätmoderne ist sie die Seuche der Kleingeister. Vielleicht ist sie aber auch die verzweifelte Medizin gegen unheilbare Wunden.

III. Rückräume

Das deutsche Testament

Am 8. Mai 1985 hörten wir die Stimme der reinen Vernunft. Sie war sanft. Ich saß vor dem Fernseher, weil meine Eltern davor saßen. Natürlich hatte ich eine Ahnung, wer jener distinguierte, gutaussehende Mann war, der, zart schwäbelnd, unaufgeregt und überlegen, ohne Hochmut, Eifer und Selbstgerechtigkeit im Deutschen Bundestag eine Rede hielt. »Wir haben allen Grund«, hob er an, »den 8. Mai 1945 als das Ende eines Irrwegs deutscher Geschichte zu erkennen, das den Keim der Hoffnung auf eine bessere Zukunft barg.« Und weiter: »Wir müssen die Maßstäbe allein finden. Schonung unserer Gefühle durch uns selbst oder durch andere hilft nicht weiter.«

Es war der vierzigste Jahrestag des Kriegsendes, und der Redner sprach von der nie zu tilgenden Schuld der Deutschen. Es war der Tag, an dem die deutsche Schande vom höchsten Repräsentanten der Republik ein für allemal eingestanden wurde. Am Schluß bat er die Jugend, bat er uns: »Lassen Sie sich nicht hineintreiben in Feindschaft und Haß gegen andere Menschen. Lernen Sie, miteinander zu leben, nicht gegeneinander (...) Ehren wir die Freiheit. Arbeiten wir für den Frieden. Halten wir uns an das Recht. Dienen wir unseren inneren Maßstäben der Gerechtigkeit.«

Richard von Weizsäcker war der letzte große intellektuelle Repräsentant der Deutschen. Seine Glaubwürdigkeit speiste

89

sich aus Geist, Anstand und Haltung. Seine Rede zum 8. Mai war eine Zäsur. Sie hat das Kulturverständnis der postmodernen ICHlinge beeinflußt. Wir wuchsen auf im Bewußtsein der Schande und des Verbrechens. Wir wuchsen auf im Bewußtsein der Normalität des Monströsen.

Plümeranz und Vermächtnis

Über dem Asphalt flimmerte die Hitze, und die beiden Flaggen schwänzelten in leichten Böen. Ich stand in Linie, es war still, niemand erhob das Wort. Die Araber hielten ihre Dokumente in der Hand. Ich schwitzte, auf dem nassen Rücken der vom Sand verstaubte Rucksack, im Bauch Plümeranz, die Augen auf alles gerichtet, was sich bewegte. Nach zwei Stunden Ausharren im Häuschen der Grenzstation, nach einem Stempel und einem prüfenden Blick fast schwarzer Augen war ich in Israel. Im Land der Opfer, im Land der Geschändeten.

Im Land der Juden.

In dem Augenblick, in dem ich das Wort *Jude* schreibe, zensiere ich mich bereits selbst. Ich richte eine Reihe von Fragen an mich: In welchem Kontext benutzt du das Wort? Kann man es mißverstehen? Kann man es absichtlich mißverstehen? Benutzt du das Wort in eindeutiger Klarheit? Darfst du dich überhaupt dazu äußern?

In dem Augenblick, in dem ich das Wort *Jude* niederschreibe, lastet eine unglaubliche Hypothek auf mir. Just jetzt habe ich die größte Fahrlässigkeit begangen, die ein Deutscher in Deutschland begehen kann, indem er öffentlich das Wort *Jude* im Zusammenhang mit deutscher Vergangenheit benutzt. Spätestens jetzt wird seine ganze Umgebung aufhorchen und hellhörig darauf achten, in welchen Kontext der Wortverwender das Wort stellt. Unvoreingenommen kann niemand das Wort *Jude* sagen, und daß es bis zu dieser Zeile bereits fünfmal aufgetaucht ist, zieht den Verdacht auf sich, es könnte sich eine antisemitische Tendenz anbahnen, denn warum sollte innerhalb so kurzer Zeit das Wort *Jude* so oft benutzt werden und dann auch noch kursiv herausgehoben? Und schon dieser Gedanke, es könnte sich eine antisemitische Tendenz anbahnen (obwohl das Wort *Jude* fünfmal absolut wertneutral benutzt wurde), könnte mir als antisemitisch ausgelegt werden. Und nichts ist dieser Tage präjudizierender und totschlägerischer denn das Adjektiv antisemitisch, das kein Wort ist, sondern ein Urteilsspruch.

Ich muß an dieser Stelle also gleich sagen, daß ich mich niemals versündigen werde, stets erinnern und niemals vergessen. Jeder, der sich zu diesem Thema zu äußern wagt, muß es sagen. Es wird erwartet. Es ist die moralische Matrix der bundesdeutschen Demokratie.

Wir fuhren von Eilat am Roten Meer nach Jerusalem, durch mythisches Land. Jeder Meter verweist auf Kultur- und Religionsgeschichte, für einen im christlichen Kulturkreis Geborenen ist die Ergriffenheit groß. Der Bus war klimatisiert, und während wir fuhren, sah ich, so dezent es ging, in die Gesichter der Israelis und begann mit genealogischen Spielchen: Wenn der Vater dieses Mannes dort drüben polnischer oder baltischer oder ungarischer Herkunft gewesen ist, dann hätte er vielleicht in Bremen oder Stuttgart auf meinen Großvater treffen können, der Soldat gewesen ist und ihn in

ein KZ hätte begleiten können, und von dort wäre der Großvater dieses Israeli nach Auschwitz verfrachtet und vergast
worden. Dergleichen dachte ich, ging die einzelnen Mitrei-
senden durch und spürte die Wucht, die Geschichte hat. Auf
keinem Meter der Fahrt hat mich das merkwürdige Gefühl
von Schuld verlassen, in keiner Minute auf dieser Reise
meine Beklommenheit.

Es gibt nicht *einen* Grund, sich als Deutscher auf einem
Rucksackurlaub in Israel schuldig zu fühlen. Aber man fühlt
sich schuldig. Es gibt mindestens sechs Millionen Gründe. Es
bleibt einem gar nichts anderes übrig, als sich schuldig zu
fühlen. Es ist nicht möglich, sich diesem Land rückhaltlos
zu nähern. Man betritt es im Eifer eines Gewissenskonflikts.
Israel ist Teil meines Lebens wie auch Auschwitz Teil meines Lebens ist, weil ich in Deutschland geboren wurde, das
Auschwitz als Teil seiner Kultur anerkannt hat.

Wohin auch immer ich in den folgenden Wochen ging –
Haifa, Nazareth, Galiläa, das Rote Meer –, wem auch immer
ich begegnete, stets nahm ich eine defensive Haltung an,
nicht wirklich sichtbar vermutlich, aber gefühlt als geistiger
Kniefall, als schamvolle Verbeugung, als wollte ich mich entschuldigen für mein Deutschsein, nicht für mein Volk, aber
für meine Zugehörigkeit zu einer hochmodern entwickelten
Nation, aus deren Eingeweiden die Shoah gekrochen ist, entschuldigen für *das* Deutsche, das auf ewig befleckt sein wird,
nicht reinzuwaschen von den Wettern der Zeit und Jahrhun-
dertreden von Präsidenten. Permanent fühlte ich mich unter
Rechtfertigungsdruck, immer und überall meinte ich, im Namen einer höheren Ethik Verantwortung tragen zu müssen,
obwohl kein Jude das je von mir verlangt hat, obwohl mich

kein Israeli je auf mein Deutschsein angesprochen und ein klares Bekenntnis erwartet hat. Wir spielten Tischtennis in der Jerusalemer Altstadt oder saßen in den Cafés von Tel Aviv, schauten diesen unerhört schönen Frauen hinterher oder sprachen über die Vorzüge eines Kibbuzims, und ich fühlte die innere Gewissenspflicht, jedem, dem wir begegneten, sagen zu müssen »Ich bin Deutscher, Verzeihung ...«

Es war keineswegs so, daß man krampfhaft jeden Bezug zur Geschichte umgehen wollte, stets auf der Hut, daß die Rede nicht auf »Hitler« oder »Berlin« oder blonde Haare komme, und doch hatte ich immer den Eindruck, eine Art Teufel schwebe über uns, die Hypothek einer Unmeßbar- und Unermeßlichkeit von Leid und Tod, jedenfalls achtete ich sehr konzentriert auf meine Wortwahl, was ich im übrigen hier abermals tue, was ich immer tue, auch wenn ich über das Dritte Reich, den Holocaust und Hitler im privaten Kreis spreche, während einer Diskussion zu Hause, wo festzustellen ist, daß alle benommen sind und leise sprechen und die Pausen des Nachdenkens länger sind als bei jedem anderen Thema. Wie verstörend war die Begegnung vor ein paar Jahren in Marrakesch mit einem kleinen Marokkanerjungen, der leuchtende Augen bekam, als ich ihm auf sein Insistieren hin erzählte, ich sei Deutscher, und er zu hüpfen begann und meine Hand nahm und es aus ihm herausbrach: »Oh, Deutschland! Beckenbauer, Matthäus, Hitler!«

Die postmodernen Kinder wissen, welche Schuld auf ihrer Herkunft lastet. Sie wissen, wie man über Hitler und den Holocaust zu reden hat. Sie wissen, daß worüber nicht geredet werden kann, keineswegs geschwiegen werden soll. Sie waren von Jugend an imprägniert mit der Ungeheuerlichkeit ihres Erbes. Sie wurden passiv geimpft mit den Antikörpern gegen Faschismus und Antisemitismus.

Als nachwachsender Deutschlandbürger hatte man seine Lektion gelernt und machte sich auf, seinen Teil der metaphysischen Verantwortung zu tragen: das Testament anzunehmen, sich dem Erbe zu stellen, in Frieden und Freundschaft zu leben, alles Homogene zu vermeiden, um sich ja nicht dem Verdacht der Intoleranz, Fremdenfeindlichkeit und Geschichtsvergessenheit auszuliefern. Im gymnasialen Unterricht hörten wir mehr über Hitler und das Dritte Reich als über die Karolinger, Caesar, Rom, Napoleon und die Revolution, was an den Lehrern gelegen haben mag, die entweder selbst der Faszination des Stoffs erlegen waren oder aus der Achtundsechziger-Riege stammten und mit der Aufklärung über die Vergangenheit einen ideologischen Auftrag zur Bildungserziehung verbanden, weil sie überzeugt waren, daß die Schuld ewig gegenwärtig sei, leiblich vor Augen, inkarniert in ihren eigenen Eltern.

Gab es in den Sechzigern und Siebzigern kaum Aufklärung über den Nationalsozialismus in den schulischen Lehrbüchern, breitete sich in den Achtzigern, mit entsprechend neuer Sicht, eine gewisse Hitler-Aufklärungs-Obsession aus und verdrängte andere, wichtige, für Bildung und Erziehung unverzichtbare geschichtliche Ereignisse. Übermaß aber erzeugt Abstumpfung. Man generiert kein Gefühl, kein Gespür für das Gehörte mehr und bleibt entseelt in seinem Verhältnis zur Sache. Monatelang waren wir beschäftigt mit Aufstieg und Fall der NSDAP, mit Hitler, Göring, Goebbels, mit Kirche im Nationalsozialismus und einzelnen Feldzügen, dem Unternehmen Barbarossa, den KZs, dem Holocaust, bis das Projekt Aufklärung langweiliger Alltag wurde, die Sättigung eintrat und wir übermästet waren. Das ist der Unterschied zwischen Schulwissen und wahrem Wissen: Ins tiefere Bewußtsein drangen Hitler und Holocaust auf diese Weise nicht. Ins Bewußtsein dringen sie während einer Reise durch Israel. Ins Bewußtsein dringen sie bei einem Besuch im Dachauer KZ.

Anstatt eine negative Ethik zu lehren (Auschwitz als Inbegriff des Nicht-Menschlichen, des Todes der Menschenwürde), platzen die deutschen Lehrbücher vor empirischem Erklärungsbedarf: das Dritte Reich bis zum Exzeß, das sich als gepaukter Stoff der *moralischen* Wertung entzieht. Die schulische Form des Didaktischen ist das Äquivalent zur gesellschaftlichen, ähnlich wie der in alternativ-anarchischen Jugendkreisen betriebene Antifaschismus nichts anderes ist als die Beschaffung einer sozialen Heimat bei mitgeliefertem Feind. Man ist auf der richtigen Seite. Antifaschismus ist ehrenwert. Das tut gut. Das gibt Halt.

Wenn Deutschland erinnert und gedenkt, soll es von gewisser Perfektion sein. Vor nichts fürchtet man sich mehr als vor dem Vorwurf der Klitterung, der schwarzen Löcher oder blinden Flecken. Diese moralisch inspirierte, mit Studien, Zahlen und Daten abgesicherte Form der Geschichtsverarbeitung wurde zum Gründungsmythos des guten, gesundeten, berechenbaren Deutschland.

Die deutsche Seele: Das ist heute eben auch die entseelte Auf-, Ab- und Verrechnung der deutschen Seelenlosigkeit.

Hypotheken der Erbengemeinschaft

An dieser Wegmarke persönlicher Ergriffenheit laufen die beiden Achsen der Berliner Republik auf denkwürdige Weise zusammen. Im Rückraum der deutschen Gegenwart kreuzt die Stehachse die Kippachse, will heißen: Der Boulevard verleibt sich das Dritte Reich als Stoff ein. Hitler ist zur Ikone der Entertainmentindustrie geworden. Folgerichtig müßte man die koordinierte Verquickung unter *Edutainment* rubrizieren, wobei nicht klar ist, ob es um Erziehung oder Bildung geht, ob es recht eigentlich überhaupt um Bildung, Erziehung, Aufklärung geht oder vielmehr um die Urbarmachung und Kultivierung des letzten und des im Namen »Erinnerungsarbeit« bereits am meisten gebrochenen aller Tabus für die mediale Verwertung. Chef-Choreograph des Emotionsentertainments ist Guido Knopp vom ZDF. Mit urdeutscher Heldenmusik, beethovisch raunend, wagnerisch wabernd, mahlerisch scheppernd, produziert das Fließband der öffentlich-rechtlichen Erinnerungsindustrie Stundentraktate über Hitlers Helfer, Hitlers Frauen, Hitlers Sekretärinnen, Hitlers jüdische Soldaten (täuschen wir uns, oder hatten wir nicht auch die Filmtitel Hitlers Nagelscheren, Hitlers Spazierstöcke, Hitlers Kniestrümpfe vernommen?). »ZDF-History« an Sonntagabenden widmet sich »Göring – Nazi Nummer eins?« oder der »Potsdamer Konferenz«, nachdem sich die ZDF-Expedition am selben Tag bereits »Hitlers geheimen Waffen« zugewandt hat und Stunden später auf Phoenix die Dokureihe »Offiziere gegen Hitler« läuft, kurze Zeit darauf im ZDF um viertel nach acht »Familie Hitler – Im Schatten des Diktators«, und so geht es Woche für Woche. Meist sind es Erlebnisfilme im Nazi-Design. Durch sukzessive Erhöhung der emotionalen Drehzahl will man die verwöhnten Zuschauer bannen. Was bilden soll, verkommt zum Prime-time-Konsum.

Diese fanatische Beschäftigung mit sich selbst hat neben hohen Quoten ganz sonderbare Blüten hervorgebracht. Im Hypergedenkmarathonjahr 2005 hat sich die deutsche Disziplinierung in »Vergangenheitsbewältigung« zur olympischen Disziplin empfohlen: höher der Aufwand, stärker der Pomp, weiter die Strecke. Täglich lasen, hörten, sahen wir Hitler, Göring, Goebbels, die »letzten Tage« von diesem und jenem in dieser und jener Stadt, wir erlebten die Überfrachtung der Programme und Überdehnung des Gewissens, jeder Film, jeder Text, jede Opferaussage ein Appell, jeder Leitartikel eine Mahnung, jede Intonation eines Bombenhalls aus dem Fernseher ein medienmoralischer Donner, als müßten wir ans Verbrechen zwangserinnert werden, als würden wir uns durch die Überflutung der Bilder wenn schon nicht reinwaschen, so doch von allen Vorwürfen prophylaktisch befreien können; eine neue, jüngere Generation in Deutschland suspendiere die Schuld der ewigen Täter peu à peu.

Die Chiffre »Hitler« übt nach wie vor eine mächtige Faszination auf Redakteure und Publizisten aus. Manchmal täglich, im mindesten wöchentlich, garantiert aber monatlich taucht auf mindestens einer Zeitungsseite jedes Blattes das Wort »Hitler« oder »Antisemitismus« oder »Auschwitz« oder »Holocaust« oder »SS« oder »Opfer« auf. Die Programm- und Heftverantwortlichen wissen, daß Hitler neben Jesus die lukrativste Marke aller bisherigen Zeiten sein dürfte. Wo Hitler draufsteht, rollt der Rubel. Dümpelt die

Auflage, kommt Hitler auf den Titel. Hitler ist Schlagwort und Totschlagwort in einem. Die pure Nennung seines Namens eröffnet den herrlichsten Assoziationsspielraum. Hitler ist noch immer die Schwachstelle der Deutschen, gegen die sie machtlos sind. Er ist die Inkarnation des Bösen, des Abgründigen, des Grauens schlechthin, ideal für den Voyeurismus des Boulevards und die Stimulierung und Ausschlachtung von Erregungen und Ängsten. Hitler funktioniert immer. Als Medienspielball, als Wählerprotest, als Aufmerksamkeitserzeuger. Als süß gewordenes Gift, das wir mit schönstem Schrecken genießen. Hitler ist eine popkulturelle Marke und als solche eine Ware der Konsumkultur. Erlaubt ist, was sich verkauft. Durch die Inflationierung der Appelle und erregungsheischenden Filmchen aber wird das Verinnerlichen zum Veräußerten entwertet. Der heißgelaufene Erinnerungsbetrieb begünstigt geradezu die Geschichtsvergessenheit, ebenso wie der Vorwurf des Antisemitismus. Mit keinem anderen Wort läßt sich so gut rufmorden, hinrichten, anklagen, vernichten wie mit »Auschwitz« oder »Antisemit«. Je öfter der Urteilsspruch »antisemitisch!« auftaucht, desto schneller hat er sich zur leeren Floskel abgegriffen. Der Entwertung folgt die Aufhebung, und letztlich ist alles leeres Gerede, die Verselbständigung der Form auf Kosten des Inhalts. Das ist die Domäne des Boulevards. Wie soll man nun aber dem wahrhaften, dem veritablen Antisemitismus begegnen?

Am 11. Oktober 1998 hörten wir die Stimme der geächteten Vernunft. Sie war sanft. Ich saß vor dem Fernseher. Natürlich wußte ich, wer der ambitionierte, weithin geschätzte Mann war, der, zart schwäbelnd, unaufgeregt und überlegen, ohne Hochmut, Eifer und Selbstgerechtigkeit in der Frankfurter Paulskirche eine Rede hielt. »Ich habe es nie für möglich gehalten«, hob er an, »die Seite des Beschuldigten zu verlassen. Manchmal, wenn ich nirgends mehr hinschauen kann, ohne von meiner Beschuldigung attackiert zu werden, muß ich mir zu meiner Entlastung einreden, in den Medien sei auch eine Routine des Beschuldigens entstanden.« Und weiter: »Kein ernstzunehmender Mensch leugnet Auschwitz; kein noch zurechnungsfähiger Mensch deutelt an der Grauenhaftigkeit von Auschwitz herum; wenn mir aber jeden Tag in den Medien diese Vergangenheit vorgehalten wird, merke ich, daß sich in mir etwas gegen diese Dauerrepräsentation unserer Schande wehrt. Anstatt dankbar zu sein für die unaufhörliche Präsentation unserer Schande, fange ich an wegzuschauen.« Und schließlich: »Auschwitz eignet sich nicht dafür, Drohroutine zu werden, jederzeit einsetzbares Einschüchterungsmittel oder Moralkeule oder auch nur Pflichtübung. Was durch Ritualisierung zustande kommt, ist von der Qualität des Lippengebets.«

Martin Walser ist einer der letzten großen intellektuellen Schriftsteller der Deutschen. Ein Selbstdenker. Seine Glaubwürdigkeit speist sich aus Geist, Artistik und Haltung. Seine Rede war eine Zäsur. Sie hat das Kulturverständnis der postmodernen ICHlinge beeinflußt. Wir, die Enkel der Täter, mußten aus der durch jene Rede ausgelösten, fast fanatischen öffentlichen Empörung den Schluß ziehen, daß man in einer liberalen Demokratie nicht ungestraft denken und sagen darf, was die formalisierte Sprache (oder die sprachliche Formelhaftigkeit) der Deutschen über die Be- und Verhandlung der Vergangenheit nicht vorsieht. Wir mußten lernen, daß es eine Diskrepanz gab zwischen unserem Bewußtsein der Normalität des Monströsen und der öffentlichen Rede darüber. Wir mußten lernen, daß die Beschäftigung der Deutschen mit ihrem Erbe Züge einer Obsession hatte und daß diese Obsession von Meinungsführern verwaltet wird. Wir mußten lernen, daß es eine standardisierte Gedenkkultur gibt, Riten der Empörung und nichtgewählte, nichtinstitutionalisierte Moralgerichtshöfe.

Martin Walser ist stigmatisiert, und durch seine Stigmatisierung ist auch die persönliche Bekenntnisfreiheit gebrandmarkt. Was die Republik im Innersten zusammenzwingt, ist ein festcodiertes und streng bewachtes Zeichen-, Sprach- und Denksystem. Ein mühsam errichteter Tempelbezirk heiliger Symbolik, aus dem herauszutreten ein Affront ist. Ein Bezirk, neben dem – das zeigt die unbewußte Entgleisung, das provozierte Skandalon, die Falle einer um Millimeter verschobenen Semantik – der ungebändigte Irrationalismus tobt, jener neurotische Selbsthaß, der nicht zu bändigen ist und doch auf jeden Fall gebändigt werden muß. Man, das heißt das Zeichensystem und jene, die über es wachen, läßt dem Nachkommenden gar nicht die Freiheit, seine eigenen Formen zu finden. Man mißtraut dem mündigen Bürger, weil er eine andere Sprache sprechen – und dennoch das gleiche meinen könnte. Man will ihn entmündigen, weil man seine Mundart fürchtet. Man will die Kontrolle übers Gehege des Gedenkens nicht aufgeben. Ein bißchen fühlt ein Nachkommender sich, einsam geworden mit einer solchen Haltung, bestätigt durch den Satz des mit dem deutschen Filmpreis 2005 gekrönten jüdischen Regisseurs Dani Levy, Jahrgang 1957, der angesichts des Wiederaufbaus der deutsch-jüdischen Beziehungen meinte: »Ich muß zugeben, ich finde dieses Verhältnis ziemlich neurotisch. Auf beiden Seiten.« Und wenn nur einige mehr diese tiefsinnige Leichtfüßigkeit hätten wie Levys Filmhelden aus *Alles auf Zucker!* ...

Die bundesrepublikanische Gedenkkultur, kurzum, ist eine Kultur erstarrter Metaphern. Das eindeutig codierte und also entsprechend zu decodierende Zeichensystem ist so etwas wie ein moralischer Kompaß, nach dem sich Anker werfen läßt. »Richtiges« Gedenken und Sprechen über das Undenk- und Unsagbare gibt Halt, Orientierung und Verläßlichkeit, es steht und stellt niemals in Frage. Dieses Stück Unfreiheit einer kontrollierten Sprecherlaubnis gestattet sich die liberale Demokratie allzu gern, obwohl gerade die angestrengte Tabuisierung der freien Rede über Juden und Hitler und das Dritte Reich einen unkontrollierbaren Raum an Möglichkeiten zum Tabubruch schafft. Gesteuertes Nachdenken verhindert, daß sich die nachfolgenden Deutschlandbürger ihre Art des Erinnerns suchen. Ihre Freiräume. Ihre Weise eines geeigneten Verhältnisses zum Abgrund.

Deutschlandpsychologie

Unter höchstem Aufwand an Mühe zum Schlafen gebrachte Hunde soll man nicht wecken.

Oder gerade doch?

Das Eklathafte am scheinbaren Eklat um Martin Walsers Einlassungen zeigte lehrbuchhaft, welche Neurosen der deutschen Psyche zugrunde liegen. Gedenken heißt in Deutschland, sich aus einem inneren Impuls heraus zu rechtfertigen.

Gedenken heißt, die Formen einer in Erz gegossenen Sprache zu benutzen. Doch diese Sprache ist entseelt. Das macht sie als Vehikel für eine Ethik des Gedenkens so gefährlich. Man kann diese Gedenkkultursprache herrlich instrumentalisieren, weil man mit der Verschiebung von nur einer Silbe unerwartete Interpretations- und Verdächtigungsräume öffnen kann. Wenn ich das Wort »Nationalsozialistische Schreckensherrschaft« höre oder »die Versäumnisse des SS-Generalstabs« oder »Gedenkfeiern im KZ« schalte ich ab, wie Martin Walser innerlich abschaltet, obwohl ich einsehe, daß rituelle Gesten und öffentliche Symbole im Umgang mit der deutschen Geschichte unabkömmlich sind. Und dennoch läßt sich das Gefühl nicht zerdenken, es handele sich um etwas Zwanghaftes, um das Pathos einer Selbstzerfleischung, um den Inszenierungszwang einer unbedingt zu läuternden Seele, der niemals mehr einfallen darf, solche Verbrechen zu begehen.

Fast wöchentlich lese ich Reuebekenntnisse und Entschuldigungen und Aufforderungen zur Entschuldigung, monatlich Rücktrittsforderungen wegen, wie es dann gern heißt, »unerhörter Entgleisungen«. So sollte und mußte sich der Grünen-Fraktionschef bei der Union für einen Gestapo-Vergleich entschuldigen, weil er in einer Talkshow zu Brandenburgs CDU-Innenminister gesagt hatte: »Wir opfern unsere Freiheit, wenn wir der Polizei geheimdienstliche Kompetenzen geben. Dann haben wir die Gestapo.« Entschuldigen sollte er sich, die Union in die Nähe des Nationalsozialismus gerückt zu haben.

Der Kölner Erzbischof Joachim Kardinal Meisner sagte aus Anlaß einer Messe am Dreikönigstag 2005: »Wo der Mensch sich nicht relativieren und eingrenzen läßt, dort verfehlt er sich immer am Leben: zuerst Herodes, der die Kinder von Bethlehem umbringen läßt, dann unter anderem Hitler und Stalin, die Millionen Menschen vernichten ließen, und heute, in unserer Zeit, werden ungeborene Kinder millionenfach umgebracht.« Paul Spiegel, Präsident des Zentralrats der Juden in Deutschland, spricht daraufhin von einem »unsäglichen und beleidigenden Vergleich« und der Beleidigung von Millionen von Holocaust-Opfern. Die Partei der Grünen fordert postwendend eine Entschuldigung von Meisner, ein FPD-Generalsekretär nennt diese Passage eine »schlimme Entgleisung«. Der Kardinal muß richtigstellen, daß er die Einzigartigkeit des Genozids an den Juden nicht relativieren wollte, und läßt bei der Drucklegung seiner Predigt den Namen Hitler weg.

Nach Jahren zermürbender Diskussion, persönlicher Beleidigungen, Eitelkeiten, ideologischer Grabenkämpfe und haarsträubender Gefechte beschließt das deutsche Parlament zu Recht den Bau eines monumentalen Holocaust-Mahnmals im Zentrum der deutschen Hauptstadt zu Ehren der ermordeten Juden (die Nachkommen ermordeter Homosexueller, Andersdenkender, der Roma und Sinti dürfen sich natürlich auch angesprochen fühlen), ein Bekenntnis, ein Zeugnis eingestandener Schuld und Verantwortung, welches, nach abermaligen Scharmützeln, endlich fertiggestellt und im Mai 2005 eingeweiht wird. Wenn Deutschland überhaupt auf etwas stolz sein kann, dann auf dieses Mahnmal. Paul Spiegel aber vermißt in seiner Rede bei der Eröffnungsfeierlichkeit in erster Linie einen Verweis auf die Motive der Täter und kritisiert die Konzeption der Gedenkstätte.

Kurze Zeit später spricht Oskar Lafontaine im Zusammenhang mit der Erosion des Sozialstaats von »Fremdarbeitern«, schon muß er sich nicht nur Populismus, sondern vor allem »Nazi-Vokabular« vorhalten lassen (wobei zu fragen ist, ob das Wort Fremdarbeiter tatsächlich ein faschistischer Eigenbegriff ist). Scharfe Kritik an Lafontaine kommt von Paul Spiegel.

Zwei Wochen darauf vergleicht Ludwig Stiegler, der Fraktionsvize der SPD, in der Öffentlichkeit den CDU-Wahlslogan »Sozial ist, was Arbeit schafft« aus irgendwelchen nicht nachvollziehbaren Gründen allen Ernstes mit der Nazi-Parole »Arbeit macht frei«. Der CDU-Generalsekretär fordert daraufhin, der SPD-Parteichef müsse sich von der »empörenden Äußerung« Stieglers distanzieren, was dieser freilich sofort tut. Sodann gibt es Rücktrittsforderungen an Stiegler: Dieser Mann, heißt es bei den Generalsekretären der CDU und CSU, sei als führender Repräsentant einer demokratischen Partei nicht mehr tragbar. Die Vizepräsidentin des Zentralrats der Juden in Deutschland erklärt, Stieglers Vergleich sei menschenverachtend und eine Verhöhnung der Millionen Ermordeter. Einen Tag später entschuldigt sich Stiegler ausdrücklich bei denen, die, wie er in einer Erklärung an den Zentralrat der Juden in Deutschland schreibt, sich durch seine Äußerung angegriffen oder verletzt fühlten. Er erklärt sich seinen Vergleich mit einer »Fehlschaltung im Gedankenblitz«. An diesen Fällen läßt sich ablesen, daß alle Zutaten der Reflexkette säuberlich eingesetzt, alle Reflexe sodann brav eingehalten und die Rituale befolgt wurden. Eine Fehlschaltung im Gedankenblitz, ja. Vor allem eine Fehlschaltung in Gedenkroutine. Empörung im Quadrat.

Gelassenheit minus 10 hoch 3. Wie damals im Wahlkampf des Jahres 2002, als die Karriere der respektablen Bundesjustizministerin Herta Däubler-Gmelin sofort beendet ist, als sie in einem Hinterzimmer den amerikanischen Kriegspräsidenten George W. Bush und Hitler in einen Satz packt. So etwas gilt als moralisch verwerflicher denn ein völkerrechtswidriger Angriffskrieg oder die Schwarzkontenkultur einer christlichen Partei zur Finanzierung ausländerfeindlicher Unterschriftenaktionen.

Und ich bin übrigens, nur weil ich diese Beispiele nenne, ganz und gar nicht daran interessiert, einen Schlußstrich ziehen oder das Gesagte rechtfertigen oder auch nur annähernd mit den zitierten Rednern übereinstimmen zu wollen, und ich will auch keineswegs den Eindruck erwecken, daß ich durch das Bekenntnis, diesen Eindruck genau nicht erwecken zu wollen, just darauf ziele, daß der Eindruck unter der Hand entsteht, obwohl ich mich über der Hand davon distanziere, und genauso wenig bin ich, nur weil ich Amerika kritisiere, ein Antiamerikaner und bin also auch kein Antisemit, und weil ich die zionistische Politik Israels kritisierenswert finde, habe ich dennoch größte Sympathien für Juden und Bewunderung für ihre Kultur, wie ich auch ein Freund Italiens bin, obwohl ich Silvio Berlusconis Politik in puncto Demokratie und Korruption für überaus problematisch erachte, und vielleicht ist die Absage an jeden allzu haarsträubenden Vergleich, an jede allzu simplifizierende Analogie und jeden primitiven Verdacht eine kulturelle Errungenschaft, die die ideologielosen Jüngeren den ideologisierten Älteren voraus haben.

Die Historisierung der deutschen Vergangenheit unter der

rot-grünen Bundesregierung ist in ebenso großem Tempo geschehen, wie sich der Umgang mit der deutschen Schande gewandelt hat und das Verständnis für Bücher wie »Der ewige Antisemit« von Henryk M. Broder verschwunden ist. Kaum einer derer, die nach 1985 sozialisiert wurden, wird den Antisemitismus als eine Leidenschaft begreifen, wie sie angeblich im linken, ökopazifistischen Milieu der Siebziger und Anfang der Achtziger gepflegt worden sein soll. Heute ist die Beschäftigung mit der Geschichte selbst geschichtlich geworden, dem Geschmack des Publikums gemäß freilich erzählte Geschichte nach Maßstab gepflegter Unterhaltung. Es ist ein neues Selbstverständnis entstanden, eine emotionale Entschlackung kritisch-analytischer Erinnerungsarbeit, kurzum: die Konzentration auf gefühlte Geschichte. Ein Betroffenheitsdiskurs mit Erinnerungsbüchern, Filmen, Interviews, Widerstandsbiographien, Vertreibungsnovellen, Erlebnisepen aus den letzten Tagen, der berichtete Familienroman des einfachen Volkes mit der Aussage: Auch wir waren Opfer!

Geschichte lebt. Man geht nicht mehr in Sack und Asche. Das Stelenfeld wird Spielfeld, das Holocaust-Mahnmal Event. Jugendliche hüpfen von Stele zu Stele, und es sieht so unerhört leichtfüßig aus. Für jeden engagierten Moralisten traditioneller Geschichtsdidaktik ist diese Leichtfüßigkeit ein Schlag in die Magengrube. Für den Freund eines von pawlowscher Reflexhaftigkeit befreiten Umgehens mit der deutschen Schande ist sie ein Gewinn. Gedenken wird nicht mehr länger selbstkritisch zermarternd verstanden, vielmehr affirmativ und gefühlspathetisch, wie es die Achsen der Berliner Republik bekanntermaßen festlegen. Und wenn die Rucksackkinder von Stele zu Stele springen und sich darauf

Eis essend in der Sonne aalen, ist das mitnichten eine Katastrophe der bürgerlichen Gedenkmoral, sondern bezeugt ein Ankommen des Gedenkens in der Erlebnisgesellschaft, in der dieser Ort der Erinnerung die nötige Aufmerksamkeit bereits auf sich gezogen hat.

Entschlackung der Geschichte heißt nicht Rückzug aus der Geschichte. Es heißt, die Bereitschaft von Kurzzeitempörung nicht zu strapazieren und wahrhaftiger, angemessener, ökonomischer, das bedeutet vorsichtiger, ja demütiger mit dem Ruf des Vergangenen umzugehen. Der politischen Aufladung und Polarisierung der Vergangenheit für die Gegenwartsdeutung nüchternes Erzählen und Vermenschlichung entgegenzusetzen. Der auf Richard von Weizsäcker folgende Bundespräsident Roman Herzog hat die jüngere Generation aufgefordert, nicht den Alten allein das Wort zu überlassen. Recht gesprochen.

Im Würgegriff der Doppelschuld

Wir leben im Würge- und Klammergriff der zweifachen, unentrinnbaren Schuld, die der deutschen Kultur eingeschrieben ist: der christlichen Erbsünde und der Sünde des faschistischen Erbes. Beide Schuldformen hängen insofern zusammen, als der antisemitische Furor des Hitlerismus sich auch aus der Idee speiste, den Tod Jesu als »jüdisches Verbrechen« zu definieren. So wurden vom frühen Mittelalter bis ins Jahr 1945 (und vielleicht noch ein Stück weiter) die Anklagen, Verfolgungen und Pogrome gegen die Juden gerechtfertigt.

Mit dem doppelten Schuld- wurde uns auch der doppelte Minderwertigkeitskomplex vererbt: die Selbstzerfleischungspedanterie, die Gehemmtheit, frei heraus zu lachen, die Unfähigkeit zur Gelassenheit. Die ICHlinge sind die erste Kohorte, die sich aus dem Würgegriff dieser zweifachen Schuld befreien kann. Wir haben die Chance, uns nicht mehr negativ über die Vergangenheit definieren zu müssen, sondern uns positiv in der Gegenwart begreifen zu können. Wir bestimmen uns nicht mehr über Patriotismus, Nation und deutsche Hymne. Die Vergangenheit interessiert uns nicht mehr wirklich. Wir nehmen sie nahezu ungerührt hin, weil die Erinnerungskultur von der persönlichen Emotion abgetrennt ist. Psychologisch gesehen ist das eine geglückte Therapie.

Wir sind die ersten, die gänzlich kriegsschadenfrei sind. Wir sind nicht, wie viele der jetzt Regierenden, vaterlos aufgewachsen, mit familiären Entbehrungen, Witwenleid und Existenznöten. Wir haben weder unmittelbar noch mittelbar mit dem Zweiten Weltkrieg zu tun, mit Hitler, Auschwitz und der Shoah. Hitler, Auschwitz, die Shoah sind untilgbare Bestandteile unseres kulturellen und persönlichen Selbstverständnisses, sie sind nicht mehr wegzudenken aus dem psychosozialen Fundament der Kohorte, ähnlich wie die Shoah heute auch eine der Quellen jüdischer Identität zu sein scheint. Wie bedenkenswert ist der Satz des jüdischen Publizisten Rafael Seligmann: »Wer den Völkermord in den Mittelpunkt jüdischen Bewußtseins stellt, erhebt damit konsequent Adolf Hitler an Gottes Stelle zum Schöpfer jüdischer Identität. Das wäre der mentale Endsieg des Antisemitismus.«

Wir haben gelernt, daß Deutschland im Herzen des jüdisch-christlichen Abendlandes die Zivilisation zur Disposition gestellt hat. Keinem wäre eingefallen, das je in Frage zu stellen. Wir sehen »Schuld« nicht als unkonvertierbare Währung, gegen die politisches Wohlgefallen einzutauschen wäre. Schuld ist Teil der Sozialisation. Ihren Schrecken hat sie verloren. Ihren Sinn. Ihren Inhalt. Schuld ist eine verselbständigte Worthülse. Wir wissen, daß die Nation schuldig geworden ist. Wir wissen aber auch, daß es die Nation nicht mehr gibt.

Ein Erinnern im eigentlichen Sinn kann es für die ICHlinge nicht mehr geben, weil sie, diese Jüngeren, nicht erinnern können, was sie nicht erlebt haben. Sie können nur reproduzieren, was sie über veröffentlichte Erinnerungen gelesen, gehört, gesehen haben, was sich ihnen medial vermittelt, da die Augen- und Ohrenzeugen auszusterben beginnen. Erinnerungskultur nach Art postmoderner ICHlinge kann künftig nur bedeuten, daß sie ohne Zeitzeugen auszukommen hat. Noch beherrschen jene, die den Krieg unmittelbar erlitten haben, die Erinnerungssemantik. Noch sind die ehemaligen Funktionseliten des Nationalsozialismus und manch aktive und passive Antisemiten und Lebensraumträumer nicht erledigt. Noch kontrolliert die »skeptische Generation« der heute Sechzig- bis Siebzigjährigen den historischen Gedächtnisraum. Künftig aber wird es die Aufgabe der ICHlinge sein, das kollektive Gedächtnis zu formulieren und das Erinnern fortzuführen. Der Umgang mit Geschichte wird sich ändern. Es wird ein rein vermittelter Umgang sein, angewiesen auf die persönliche Bereitschaft, sich der Vergangenheit in Zukunft zu stellen. Das hochdifferenzierte offiziell-politische Codesystem wird emotional decodiert werden müssen; Ursachenforschung und Schuldverantwortung werden zurücktreten hinter künstlich nachfühlbar gemachtem Leid, und 1933 wird zunehmend aus dem Blick geraten, weil 1945 sich aufsehenerregender konsumieren und der Untergang bequemer bewältigen läßt als die komplexe Geschichte des Aufstiegs.

Vielleicht könnte man sich ein neues Ziel setzen: mit jener kühnen Kühlheit und Klarköpfigkeit spanischer Enkel, die das Grauen des Bürgerkriegs, die Verwerfungen des Faschismus unter Franco durch praktische Ahnenforschung aufarbeiten. Sie machen sich auf, in Unterlagen und in persönlichen Gesprächen mit Tätern und Opfern nach den Orten zu forschen, wo ihre Großväter und -mütter erschossen wurden. Sie reisen dorthin und graben die Toten aus, auf daß sie heimkehren auf die heimatlichen Friedhöfe. Weil ein Land ohne Gedächtnis im Inneren fault, werden 35 000 Vermißte gesucht, jeden Monat neue Gräber geöffnet. Nicht mit Haß geschieht dies, nicht unter Rechtfertigungszwang, sondern mit der Hoffnung auf inneren Frieden, aus der Einsicht in die Notwendigkeit, Geschichte als geschehen zu erachten. All jene, die in diesen Tagen Spaniens Tragödie bewältigen wollen, eint die Sehnsucht nach Klarheit und psychischer Hygiene, nach der öffentlich zu vollziehenden Erinnerungsarbeit.

Vergleichbar mit dem industrialisierten Judenmord ist der Spanische Bürgerkrieg nicht. Mit der Shoah ist nichts vergleichbar. Überhaupt sind Vergleiche und Analogien, wenn es um politischen Mord geht, beinahe ausnahmslos dumm und stets ein Ärgernis, weil sie, in ihrer simplizistischen Verkürzung und Verkleinerung, die Bedingungen nicht mitdenken. Daß das Morden Unschuldiger unentschuldbar und ethisch niemals zu rechtfertigen ist, versteht sich von selbst. Dafür braucht man keine ausgerufene Geschichtsmoral.

Herzloses Verhältnis

Geschichtsbesessenheit im Achsenkreuz des Politainments führt zu Geschichtsvergessenheit. Einer reifen Kultur selbstkritischer Auseinandersetzung steht der gierige Erinnerungsbetrieb im Weg, der mehr und mehr zu einem Gedenkwettbewerb wird: je früher die mediale Ausschlachtung von Jahrestagen, desto besser, je ausführlicher, betroffener, unnachahmlicher, desto selbstgerechter die Selbstzuschreibung politischer Korrektheit, der selbstausgestellte, geltungssüchtige Freispruch von der vererbten Schuld und dem möglichen Vorwurf, nicht angemessen erinnern zu lassen. Routiniert erfüllen wir unsere deutsche Staatsbürgerpflicht und sagen brav das auswendig gelernte Sprüchlein auf: »Schande laste ewig auf uns!« Und: »Wehret den Anfängen!«

Ein solch ritualisiertes Verhältnis zur deutschen Schuld und Abgründigkeit, die seelenlose Vergangenheitsbewältigungsverwaltung, kann nur heißen, daß wir eine neue Sprache finden müssen. Vielleicht sollte man sich künftig einer anderen Symbolsprache zuwenden: der Präsenz des zu Präsentierenden durch dessen Absenz. Eine Form negativer Ästhetik im öffentlichen Raum etwa, wenn es um Häuser des Erinnerns geht, um Mahnmale, um Gedenkstätten. Warum nicht antididaktisch, heiter, vom Standpunkt japanischer Schönheit aus, vom schlichten Nichts herab in die Tiefe gedenken? Warum nicht einmal etwas nicht erklären und in der Leere eigene Gedanken und Empfindungen zur Entfaltung kommen lassen? Warum das Gedenken materialisieren und an Worte heften, an Schautafeln, Kommentare, geschlossene Räume? Warum es nicht jedem selbst überlassen in der Stille des arbeitenden Gewissens?

Warum nicht den Lehrplan aller Schulen ändern, das System des Fachunterrichts abschaffen, anstatt im Geschichtsunterricht Daten und Zahlen auswendig zu lernen, in einem Halbjahr nichts weiter als *Mein Kampf* in Gänze lesen und die geistesgeschichtlichen Wurzeln und theoretischen Verästelungen interdisziplinär diskutieren, die diesem wüsten Traktat und also jener Zeit, in der es verfaßt wurde, zugrunde liegen?

Und ein letzter Vorschlag für die psychosoziale Hygiene gleichermaßen wie für das Streben nach Gelassenheit (was dem Deutschen allzu schwerfällt): Man tilge das Wort »Auschwitz« aus dem deutschen Politikerwortschatz, man spreche es heilig, damit es nicht dauernd und fortgesetzt mißbraucht, entwertet, instrumentalisiert und ideologisch für profane Interessen zugerüstet wird. Man tilge das Wort »Holocaust« aus der Alltagssprache und spreche es heilig und überlege seinen genauen Sinn: Holocaustum bezeichnet jenes märtyrerhafte Opfer, das ein Glaubender für seinen Glauben als vollkommene Hingabe an höhere und heilige Ziele darbringt und in den Brand geht. So gesehen hat sich das Zeichensystem einen schlechten Dienst erwiesen: Nichts waren die ermordeten Juden weniger als für ihren Glauben freiwillig in den Brand gehende Opfer! Nichts war der Genozid weniger als ein sinnvoller Tod!

Wie konnte es passieren, daß das in seinem Sinn verdrehte Wort *Holocaust* zu einer derart wirkmächtigen Chiffre wurde?

Dreimal deutsches Wesen, ungenesen

Aus der tradierten Demütigung, den Zivilisationsbruch schlechthin begangen und das philosophische Übermenschentum katastrophalerweise in die Tat umgesetzt zu haben, resultiert nicht nur die deutsche Nachkriegsobsession, die Vergangenheit mit allen Mitteln lückenlos aufzuarbeiten, sondern auch der legendäre Inferioritätskomplex, das vorauseilende ethische Minderwertigkeitsgefühl. Deutsche haben bis heute Probleme mit Extravaganz, Stil, Stolz und vor allem Humor. Zum Lachen ist all das nicht.

1. Deutscher Humor

Nichts scheint widersinniger als die Kopplung »deutscher Humor«. Vielleicht hatten die Deutschen noch nie Humor, zumindest keinen ausgeprägten, allenfalls brachialen, weil ihnen das Fatalistische, Fantastische, Lebensfrohe fehlt, vielleicht haben sie den Ernst zu ernst genommen und tun sich deswegen allzu schwer mit Eigenliebe. Nichts fällt den Deutschen schwerer, als leicht zu sein. Sie gestatten sich keinen leichten Sinn, weil Leichtsinn des Banalen verdächtig scheint, und das Banale kurzgeschlossen ist mit Unsinn, wohingegen die Deutschen aber, was nachdenklich stimmt, zugleich eifrige Konsumenten des Boulevards und seines zumindest schwachen Sinns sind. Jedenfalls merkwürdig sinnfrei ist dieser Widerspruch von Erdenschwere und Boulevardbeziehung, und fast scheint es, als verböte sich das deutsche Volk vor allem eines: die expressive Gefühlsäußerung; als versagte es sich das Lachen und das Weinen, weil Lachen der Last des Erbes nicht gerecht wird und Weinen emotionale Unordnung bedeutete.

Oder ist es anders? Erlauben sich die Deutschen keine Euphorie, weil ihre Mentalität eine dem verlorenen Paradies nachtrauernde, in ihren Grundzügen also reaktionäre ist?

Sie befragen ihre Unfähigkeit zum Glücklichsein schließlich mit verblüffender Leidenschaft. Und selbst verblüfft sind sie ohne weiteres, daß all dieses Fragen in Trauer mündet. Die Briten, die Portugiesen, die Russen: Alle trauern ihren zerfledderten Imperien hinterher. Aber die Briten scherzen, die Portugiesen singen, die Russen trinken. Die Deutschen – sie leiden. Sie leiden an sich. Sie trauern ihrer verlorenen romantischen Seele nach. Wer an sich leidet, kann nicht über sich lachen. Es sei denn, er hat Humor, aber das wurde bereits als widersinnig erkannt.

2. Nationalstolz

Eine sich selbst bemitleidende Nation, still oder vernehmbar, weiß weder, was sie selbst ist, noch, wie sie sich gerecht werden kann. Jeder weiß, was Deutschsein *war*. Niemand weiß, was Deutschsein *ist*. Das Deutsche heute ist kulturell unverortbar, irgendwo zwischen Ost und West, Geistigkeit und Pragmatismus, Poesie und Technokratie. Noch immer herrscht im tiefsten Inneren die von Nietzsche diagnostizierte Feindschaft gegen die Aufklärung. Das deutsche Dilemma ist das faustische Verhängnis, die beiden Seelen, die unversöhnlich in der Brust schlagen und miteinander ringen: die irrationale Romantiksehnsucht und die rationalisierte Ordnungsvernunft. Ein schwieriges kulturelles Erbe, das nur über die Zeit abzuleben ist.

Die deutsche ist in ihrem Selbstverständnis ja keine offene Gesellschaft, obwohl die eigene Offenheit stets beschworen wird. Sie ist im Kern unliberal. Das Wesen des Deutschen ist ein per se rückblickendes, der Hierarchie verpflichtetes, und die vererbte Substanz des Gemeinwesens ist der ein bißchen wilhelminisch, ein bißchen römisch-bayerisch-rheinisch-katholisch imprägnierte, von Weltläufigkeit nur zufällig angehauchte Konservatismus, der dem Hauptcharakterzug des Deutschen aufs Beste entgegenkommt: Angst und Ängstlichkeit bei gleichzeitiger Virilität (einer perfektionistischen dazu). Um der Angst vor Unordnung Herr zu werden, wird mit großem Aufwand an zielgerichteter Kraft versucht, die Unwägbarkeiten des Lebens höchst effizient niederzuverwalten und irrationale Einbrüche durch eine verparagraphisierte Ordnung so gut es geht auszuschließen.

Das Soziale und Demokratische war stets und ist noch immer konservativ imprägniert: sozial in der Sehnsucht nach Homogenität, einer formalen gemeinschaftlichen Einheit; demokratisch in der Ordnung und Verwaltung dieser homogenisierten Gemeinschaft mit festgelegten Rechten und Pflichten, auf daß das Wabernd-Mystische, das Diffus-Dunkle, das Unbezähmbar-Instinkthafte ihres Germanentums nicht abermals mit den Deutschen durchgeht.

Um ihr faustisches Verhängnis auszuhalten, erziehen sie sich selbst als eine pädagogische Gesellschaft, besessen von Regeln und Regulierungen, von Schildern, Tafeln, Ge- und Verboten, um ihrem grundsätzlich pflichtethisch veranlagten, manchmal aber von romantischer Gefühlstiefenwallung verführtem Gemüt die sachgerechte Ausübung selbstgesteckter Pflichten zu ermöglichen.

Im Grunde genommen ist Deutschland im innersten Glutkern sogar ein unpolitisches Land, das das Plebiszit, die außerparlamentarische Bewegung, die Revolte, das jakobinische Straßenkampfpathos des Alten Europas nicht als Wert für sich anerkennt. In Paris, Madrid und Rom wälzen sich immer wieder zu verschiedenen Anlässen der Res publica die Massen durch die Straßen; die agitatorische Druckwelle ist erheblich und erreicht irgendwann den Elysee- und den Moncloa-Palast und den Palazzo Chigi. Ans Berliner Kanzleramt kann nichts drücken, weil es in seiner unsinnlich-kalten, kubusartigen, betonklotzenden Verschlossenheit alles abprallen läßt. Wenn Architektur ein Spiegel der Seele ist, läßt es sich dann, bei wohlwollender Betrachtung, lustvoll vorstellen, in dieser freudlosen Bastion sprühte ein Feuerwerk an Ideen zur Rettung des Landes?

Sehr negativ, diese Betrachtungsweise über das Deutsche, gewiß.

Sehr deutsch.

Und natürlich kritisch. Kaum spielerisch. Fast zersetzend. Zum leichten Sinn nicht geboren.

So ist es. Wenn das Wesen der Deutschen im Kern konservativ ist, so ist es dazu auch noch freudlos, wobei zwischen Freudlosigkeit und Konservatismus nicht zwingend eine Verwandtschaft bestehen muß. Selbst die Korruption in der Republik ist von charmeloser, kleinbürgerlicher Spießigkeit. Lebenslust wiese sich an dieser Stelle aus in der Lust am Spiel mit der Verletzung von Moral. Das deutsche System aber muß funktionieren. Über alles muß Rechenschaft abgelegt, alles muß archiviert und mit Anträgen verwaltet werden, über jede Regung eine Aktennotiz erstellt, für jede Gabe ein Beleg, ein Scheck, ein Nachweis, und all das mit erheblichem Fleiß, mit tariflich abgezirkelter Disziplin auf den avisierten Punkt. Das ist das kleine Glück des Landsmannes.

Die deutsche Anständigkeit und der deutsche Fleiß stützten das auf Korrektheit angelegte System. Der Systemgedanke ist zutiefst deutsch (nicht umsonst gab es in der deutschen Philosophie erhebliche Systementwürfe). Das System gibt dem einzelnen Schutz, also muß das System geschützt werden, um möglichst effizient zu bleiben. Das System aus seinen Subsystemen zu bewahren und zu schützen, erfordert eine System-Moral, die über Regeln und Paragraphen effektiv zu organisieren ist. Die deutsche Paragraphisierung des Lebens findet ihre Praxis erstens in der Beschilderung des öffentlichen Verkehrs und zweitens in der gesetzlichen Durchbuchstabierung sozialer Gerechtigkeit als Recht für alle. Die Regelung der Freiheit als einklagbares Recht gilt als Ideal höchster Freiheit. Wer nicht vor Gericht klagt, klagt so. Schlimmstenfalls ist es ein aggressives Lamento. Man könnte sagen: Deutschsein definiert sich als Schutzmacht seiner eigenen moralischen Ordnung mit paragraphisch unerwünschten antirationalen Affekten. Erkennen läßt sich das am besten in den Monaden des Deutschtums: Schützenverein, Club der Funkenmariechen, rheinischer Karneval,

Kleingärtnerkolonie und das unbedingte Recht des Vorfahrt-bürgers auf eigenen Wegen (was den Deutschen auf italienischen oder portugiesischen oder türkischen Straßen naturgemäß in Schwierigkeiten und kulturelle Loyalitätskonflikte bringt).

Verlorengegangen ist das Gefühl fürs Deutschsein, keinerlei Patriotismus scheint aufspürbar. Die deutsche Fahne berührt uns peinlich, Landsleute im Ausland sind Kulturschock schlechthin. Deutschland war und ist in erster Linie Provinz, selbst seine Großstädte sind, gemessen an New York, London und Paris, Provinz, weil das bundesdeutsche Gemüt höchstselbst ein provinzielles ist und unsere metropolitan-depressive Hauptstadt im Grunde nichts mehr oder weniger denn ein Konglomerat kleinbürgerlicher Provinzialität und erschreckender Stillosigkeit.

Ein ungenerierter ICHling, der, auf dem Boulevard der Erregungen aufgewachsen, als Konsumkind dem Wohlstand huldigte und nun als globalisierter Kosmopolit ins quasianarchische Diesseits zu gehen gezwungen ist, hat kein Jenseits und ist kein Christ und gleich gar kein Patriot und kann das Nationale nicht als identitätsstiftend ansehen, weil er selbst größte Zweifel an irgendwelchen Identitäten hat. Für den ICHling gibt es kein Vaterland. Es gibt kein Mutterland. Nation ist passé. Das national-konservative Leitkulturgedröhn verdrießt. Kann man stolz sein auf etwas, das man nicht fassen kann? Sehnsucht nach dem Unfaßbar-Verflossenen: Das ist Melancholie. Nichts beherrschen die Deutschen aber weniger als die Kunst der Melancholie, denn dieselbe setzt den edlen Feinsinn eines erkennenden Geistes voraus. Die Deutschen raunen. Sie sind teutonische Tragiker. Immer noch

Parzival. Immer noch Tannhäuser. Immer noch Siegfried. Immer noch Walküre und der Rhein.

Immer noch Wagner.

Wie es um seine Gesinnung und sein Verhältnis zur Republik bestellt ist, kann der ICHling allenfalls erleben, wenn er sich an kerndeutsche Orte mit kerndeutscher Mythologie begibt.

3. Deutschlandmythendämmerung

Als ich, die Berliner Republik südwärts vermessend, an den Felsen der Loreley kam und, mutig hinabblickend, die Ausflugsschiffe mit schwäbischen und sächsischen Touristen sah und den sich schlängelnden Rhein, wurde mir klar, warum die deutschen Dichter derart an ihrer poetischen Traurigkeit litten wie wir Erschöpften an unserer Ratlosigkeit: Der Kraft der deutschen Mythologie ist der Gegenwartsgeist nicht gewachsen. Das Vergangene ist immer stärker. Das Deutsche kann augenscheinlich nur in der Negation bestehen, mit Verweis auf das größere Gestern, in dessen Schatten chancenlos das kleinere Heute steht. Als Deutscher neigt man zur nostalgischen Verklärung. Angelegentlich zur Nostalgie. Fast immer zur Gegenwartsverachtung.

Auf allen Pfaden den Rhein entlang erwartete ich nun einen, sagen wir, deutschen Schumachermeister, singend und dichtend, auf der Suche nach einem Gott, einem Obdach, einem Freitisch, und ich merkte, wie der Mythos der Wanderschaft, die Neugier auf das Unentdeckte, eine unstillbare Sehnsucht nach Tiefe und Leidenschaft anspricht und wie jeder aufrichtig Suchende an dieser Sehnsucht scheitern muß, wenn er die Eitelkeit Riesling trinkender Kleingärtner sieht, die ihn, die erigierte Deutschlandfahne im Gartenboden steckend, mißtrauisch und verstummt beäugen. Der Gast ist ein Fremder, und das Fremde gehört in die Fremde. Heimat hat berechenbar zu sein und ordentlich und also wie immer.

Ruhe herrscht vor dem Bergfried der Wartburg über Eisenach, wo 1817 die lieben Brauseköpfe der deutschen Burschenschaften den Kampf gegen die Napoleonische Fremdbeherrschung und für die deutsche Freiheit feierten, Symbol der konfessionellen und politischen Einheit Deutschlands, Symbol der deutschen Kultur, Pilgerstätte des Volkes nach dem Ende der Monarchie. Weich, zögerlich und langsam schwellend steigen die Klänge des »Tannhäuser« auf und wabern um den Venusberg zu Eisenach in den Thüringer Wald.

Deutscher geht's nimmer.

Die Minnesänger Walther von der Vogelweide, Wolfram von Eschenbach, Reimar von Zweter, Biterolf und Heinrich von Ofterdingen, Gründer der deutschen Dichtung, des deutschen Liedes, der deutschen Liebe laufen ein, und wenig später beginnt der Sängerwettstreit, der Krieg der Künste im Festsaal im ersten Stock, und ich bin, in die Realität zurückgekehrt, durchaus empört, wie klein der Sängersaal ist, daß der Nukleus deutschromantischer Mythologie nicht größer als ein kleiner Raum ist. Und obwohl der Sängerstreit geschichtswissenschaftlich ungesichert ist, gerät hier, unter den Arkaden der Sängerlaube, irgend etwas in Schwingung, vereinigt sich mit der Magie des Ortes, umflort vom Pathos der Wagnerschen Theatralik, das im deutschen Genom vererbte Vermächtnis der Ritterromantik, der über die Kunst ausgetragene Zwist, der existentielle Kampf, die Tragik der in ihrem schreienden Leid verstummten Seele des vergeblich Liebenden.

Aus den Kemenaten des Palas hinaus, die Große Zisterne passierend, durch die Torhalle hindurch in die Dirnitz, den westlichen Margarethengang entlang (das gerillte, astlochreiche Holz, als wäre es die Auskleidung einer Alpenhütte), steht man sodann am Urgrund deutscher Kultur: der Lutherstube in der Vogtei, im Angesicht der poröse Walwirbel, auf dem der Reformator seine Füße abgelegt haben soll. Der Tintenfleck ist geraubt, wenn Luther das Faß je an die Wand geworfen hat, er soll dem Teufel bekanntlich gedroht haben, ihn mit der Tinte zu erledigen, und viel wahrscheinlicher als der tatsächliche Einsatz seiner barocken Körperlichkeit ist, daß unser Luther das Böse tintenreich niederschrieb, der Mönch ist ja der erste Mann des modernen deutschen Wortes schlechthin, von Thomas Mann im edlen Verein mit Nietzsche und Goethe als größter Schriftsteller der Deutschen bezeichnet. Und wenn Thomas Mann, der höchste und letzte Repräsentant der bürgerlichen Kultur, es so sagt, könnte es stimmen, denn der hat mit dem »Doktor Faustus« den Roman des deutschen Wesens schlechthin verfaßt.

Hoch erhoben, in den Böen des Westwinds, neben dem goldenen Kreuz, schwänzelt, auf den Mauern des Weltkulturerbes, die Flagge der deutschen Nation, und in der kargen Stube, wo der geächtete Augustinermönch im freiwilligen Exil das Neue Testament in zehn Wochen eindeutschte, schließen sich die sagenhaften Konstanten der deutschen Bildungsbürgerkultur kurz: Luther-Goethe-Wagner-Nietzsche-Mann, und der postmoderne Zögling steht ergriffen, wie hilflos, vor der Macht des Vermächtnisses und muß erkennen: Wir spüren, fühlen, kennen die deutsche Klassik nicht mehr. Wir sind entkontextualisiert, mit Seele und Herz nicht mehr im organischen Gewebe der deutschen Kulturherkunft. Fragmente einer gymnasialen Halbbildung: durchaus; im Großen aber: Auflösung der Zusammenhänge und Strukturen.

Auf der Wartburg zu Eisenach, im Sog nationaler Symbolkraft, beweist sich die These der viel beklagten Geschichtslosigkeit neurepublikanischer Nachkommen: nichts mehr einordnen zu können, weil kein Ordnungsgefühl mehr zur Verfügung steht. Welche Frage stellt die Reformation an mich, da mir, Luthers Schreibtisch sehend, mein evangelisches Getauftsein einfällt, und welche Antwort gebe ich auf diese Frage, da Reformation ebenso Teil meiner Kultur ist wie die Aufklärung, die Romantik und das Dritte Reich? Muß ich die »Dirnitz« und das »Gadem« der Wartburg kennen wie ein französischer Mittdreißiger die Tradition der Rocaille am Versailler Schloß zu kennen hat und der italienische Altersgenosse den Eklektizismus des Florentiner Doms?

In solchen Stunden, an solchen Orten, wo für einen Moment germanischer Sagenvorrat dingfest zu machen ist, versagen wir Mythenlose und fügen uns ins SMS-Zeitalter der kommenden »Netzwerk-Generation« mit der *short message* an einen Freund: »Reizvoll hier, irgendwie.«

Dann taucht die Wartburg unter im Samt der hereinbrechenden Nacht, und kein Kauz ist zu hören. Von großer Erhabenheit thront das Erbe über den Umständen und mit ihm der verschmähte Schatz des germanischen Kultus. Und wir, die wir im Antlitz steingewordener Geistesgeschichte nicht über die ersten drei Zeilen »Faust« hinauskommen, wissen, daß wir nichts mehr wissen. Unser Wissen ist nicht mehr deutsches Wissen oder Wissen über Deutschland oder von Deutschland.

»Jeder handle so, wie er will«, sagt Luther, »jeder handle nach seinem Gewissen.« Jeder sei seines Glückes Schmied, sagen wir von der ICH-AG. Beide, Lutheraner und ICHling, treten gegen die verordneten Einheiten an, mit dem zarten Unterschied freilich, daß die Individualisierten gottlos sind. Beide negieren das metaphysische Gehäuse einer Meta-Erzählung. Deshalb darf behauptet werden: In gewisser Weise war Luther ein Postmoderner.

Der Weg von Bruder Martin über Goethe zur Burschenschaftsrebellion, über Clemens von Brentano zu Ludwig dem II., zu Wagner, Thomas Mann, zu Hitler, das ist Deutschland.

Das war Deutschland.

Es war das Deutschland des Bildungsbürgertums. Das Bildungsbürgertum aber wird gerade zu Grabe getragen. Es verlebt seine letzten Stunden. Es geht unter im Sog der Wendekreise.

IV. Wendekreise

Erster Wendekreis:
Der Fall des großen Ernsts

Alles ist anders gekommen. Die fetten Jahre sind vorbei.
Die Proseccolaune ist verdorben. Wir fühlen uns bezwun-
gen. Wir bleiben ratlos. Resigniert sind wir nicht, denn wir
haben nicht gekämpft. Die ICHlinge sind vom postmodernen Idyll ins globalisierte Nichts geworfen. Sie erklären
keinen für schuldig am Malheur, sie wissen, daß sie Kinder
eines eigensinnigen Systems sind, und sie akzeptieren das
Schicksal. Die Umstände wandeln sich schneller, als viele
überhaupt begreifen, daß der Wandel sich wandelt. Keiner
glaubt mehr ans Märchen vom ständig steigenden Wohlstand, dessen Gewinne man entsprechend verteilen müßte.
Niemandem ist entgangen, daß Fleiß und Subventionen
nicht mehr tragen. Die Entstehungsbedingungen des Wirt-
schaftswunders sind zauberhaft patiniert und im Museum
zu bewundern.

Sozialer Darwinismus ist im Kampf um Geltung zur Norm
des Alltags geworden. Wer nicht mobbt, wird gemobbt. Viele,
die in den achtziger Jahren als kleine oder große Narzißten
aufwuchsen (oder als am gesellschaftlich beförderten Narzißmus gescheiterte Schwächlinge), leiden jetzt unter einer
Persönlichkeitsstörung, weil ihr natürliches Streben nach sozialer Anerkennung und Größe durchs Schicksal empfindlich
behindert wird. Die Folgen unerfüllter Profilneurosen sind

Ich-Kränkungen, depressive Verstimmungen, Angstattacken, Burn-outs.

Wir sind die ersten arbeitslosen Akademiker. Wir riechen zum ersten Mal den Muff des Arbeitsamtes. Wir sind angewiesen auf Arbeitsvermittler, die Horst Schneider heißen könnten oder Siegfried Bauer oder Alfred Probst, Namen, die dezent ins Reich der alten Republik verweisen. Wir ziehen Nummern und lernen zu warten. Wir nehmen Stellen an, für die wir überqualifiziert sind. Wir schreiben uns in Aufbaustudiengänge ein. Wir arbeiten auf Zeitvertrag. Wir sitzen im Geiste stets auf gepackten Koffern. Wir haben Zeit und wissen nichts mit ihr anzufangen. Wir sind zwangsentschleunigt.

Das zwangsentschleunigte Leben erscheint uns sinnlos. Bislang stifteten Job, Erfolg, Geld den Sinn. Nun kaufen wir uns Zeitungen der Stellenanzeigen wegen. Die, die einen Job haben, schlucken Vitaminpillen und Antidepressiva, um dem Druck am Arbeitsplatz begegnen zu können. Sie beginnen morgens um neun und wanken abends um zehn durch die Haustür. Sie arbeiten für eineinhalb. Doch das System ist stärker. Innerhalb des Systems herrscht Konformitätsdruck. Konflikte werden kaum ausgetragen. Wenn es zu spät ist, läßt man die Kommunikationscoaches kommen, um Verhärtungen zu lösen. Oder baut sofort ab, setzt frei.

Wir leben in der ständigen Angst vor der Kündigung. Wir leben in der Angst, Hartz-IV-Menschen zu werden. Wir leben in der Angst, unsere Schulden nicht mehr abzahlen zu können. Wir leben in der Angst, mit Mitte Dreißig nicht mehr gebraucht zu werden. Wir leben mit der Angst vor der Angst. Soziale Gleichheit ist eine geplatzte Illusion. Zukunftssicherung, Arbeitsplatzsicherheit, Rentensicherheit,

das ganze Instrumentarium der sozialen Sorge: ein abge-
räumter Traum aus dem Märchenreich einer verklärten Vergangenheit. Die einst so behütete Vollerwerbsarbeitsgesell-
schaft hat ihre Zukunft hinter sich und der Sozialstaat, die
nährende Mutter, ihre Kinder aus dem Schoß entlassen. Wir
setzen uns in psychotherapeutische Beratungszimmer und
hören im Geiste unser einstmals arrogantes Lachen über die,
die immer schon in psychotherapeutischen Zimmern saßen,
weil sie mit sich nicht zurechtkamen.

Deutschland ist krank, und die Facharbeiter sterben aus.
Nun flitzen die verglimmten Sternchen der New Economy –
angesiedelt in Medienberufen, im Entertainment, in der An-
lageberatung, auf dem Parkett der Deutschen Börse – nicht
mehr lachend durch die Innenstädte oder auf silberschicken
Tretrollern zu den Hinterhof-Lofts ihrer Start-up-Firmen,
über den Ohren die Bügel einer RayBan-Sonnenbrille, um
den Hals einen klappernden Schlüsselbund, in der Hosen-
tasche den neuesten Blackberry von Vodafone. Sie lernen
plötzlich Abgründe kennen, nicht weil sie in sozialen Ghet-
tos über die Trottoirs flanieren, sondern weil ihre Freunde
aus Zeitungshäusern, Rundfunkanstalten, Unternehmens-
beratungen, Banken, Elektrokonzernen entlassen werden,
gekündigt nach Sozialkriterien, kinder- und ehelos, mit viel
zu kurzer Betriebszugehörigkeit. Sie integrieren Klassen-
kampfbegriffe wie Kündigungsschutz und Tarifautonomie
ins Alltagsvokabular. Sie schreiben hundert Bewerbungen
und lernen, hundert maschinell unterschriebene Absagen zu
akzeptieren. Sie nehmen hin, sich als »Leiharbeiter« bezeichnen und von der Zeitarbeitsagentur vermitteln zu lassen, um bei kurzfristigem Bedarf eingesetzt und rasch wieder

hinausgeworfen werden zu können. Sie wissen, daß die Staatsverschuldung in die Milliarden geht. Das Wort Insolvenz ist Umgangssprache geworden, und von Osten marschieren Bulgaren, Rumänen und Weißrussen an, um sich für ein paar Euros ausbeuten zu lassen. Eine Idee des Sozialen scheint abhanden gekommen, und soziale Gerechtigkeit ist nichts weiter als die Illusion einer auf Solidarität basierenden Gemeinschaft, die Notlagen lindern und Bedürftigen in ihrer Mitte via Steuern Hilfe zukommen lassen sollte.

In diesem Verhängniszusammenhang stehen die Kinder der postmodernen Freiheit und haben nun den anschwellenden Bocksgesang ihrer kleinen Tragödien zu choreografieren.

Das Überleben hat begonnen

Spaß im primitiven Sinne war es ja nie wirklich. Der Gezeitenwandel ab 1985 brachte vor allem Unbeschwertheit, was den Deutschen so schwerfällt. Es war die ausgedehnte Jugendlichkeit, das Exerzieren der Möglichkeiten, die die Multioptionsgesellschaft zur Verfügung stellte, sich das herauszupicken, was einem paßte und zu einem paßte und das Leben feiern ließ. Wieso sollte man freudlos leben? Wieso sollte man das in den Eingeweiden des deutschen Volkes nistende Pflicht-Ethos nicht ersetzen durch das Recht auf Müßiggang und etwas mehr Lässigkeit und Coolness? Warum muß man Anfang Zwanzig so etwas Diffuses übernehmen wie Verantwortung? Überhaupt: Was ist das für eine Verantwortung, was soll verantwortet werden? Heißt es, möglichst früh in den wirtschaftlichen Verwertungsprozeß eintreten, lebenslang rödeln, wochenends ermattet auf der Couch liegen, zwei Wochen Mallorca im Jahr, mit dreiundsechzig in Rente, und das soll's dann sein, das Leben?

»Spaßgesellschaft« war das unbeholfene Schmähwort der Gegenwartsverächter gegen die, die mehrdeutig, die sich selbst zu leben begannen, ohne daß dies Ausdruck einer gesellschaftspolitischen Revolution gewesen wäre. Suggeriert werden sollte mit dem Kampfbegriff »Spaßgesellschaft« die vermeintlich unseriöse, unsoziale Haltung, also Haltungslosigkeit der Nachkommenden, die Tilgung von Anstand und Ernst durch Leichtsinn und Hedonismus.

Die Sache liegt anders. Wir sind die ersten, die sich arrangieren können mit dem enorm gestiegenen Tempo der Veränderungen, und wir lernen, im Wechsel die Chance zu sehen, was uns, wie erwartet, als unideologische Pragmatiker ausweist, weil wir wissen, was die Stunde geschlagen hat, weil wir, die einst Privilegierten unter der Sonne, die Entwürdigung fühlen können, als womöglich promovierte, hochbezahlte, mit gesellschaftlichem Prestige befrachtete Softwareentwickler, Zeitungsredakteure, Kommunikationswirte, Unternehmensberater, Investmentbanker, Börsenmakler, Devisenhändler, Wirtschaftsinformatiker, IT-Berater zu Sozialhilfeempfängern zu werden, abzustürzen, hinabzupurzeln in die Keller des sozialen Systems.

Der ICHling hadert nicht. Er lamentiert nicht. Er wird, wie man sagt, das Beste aus seiner Situation machen und, sollte zum Beispiel ein italienischer Multi sein Unternehmen schlucken, als erstes einen Italienischkurs belegen; und sollte er dann im Zuge der Fusion leider zur Disposition gestellt werden, wird er im mindesten eine Sprache mehr beherrschen. An die Demütigung wird er sich gewöhnen. Der Paradigmenwechsel war abzusehen. Die ICHlinge waren die Nomaden der globalen Leistungsgesellschaft. Jetzt sind sie die Nomaden der nationalen Depression. Es ist das goldene Zeitalter der Therapeuten und Meister der Meditation, der Glückspropheten und Erleuchteten, des lauten Schreis nach Stille.

Zweiter Wendekreis:
Die Auffahrt ins Gewisse

Postsäkular – ein gemeiner, fast abstoßender Begriff, der erheblich akademisch klingt und sinnlich wenig verführerisch. Dennoch ist es der Begriff zum Geist der Zeit, denn er faßt die Sehnsucht nach Poesie und Magie, nach Sinn und Übersinn in sich. *Postsäkular* heißt frei übertragen respiritualisiert. Post-post-christlich sozusagen. Die Gesellschaft von heute ist eine postsäkulare Sinnsuchergesellschaft geworden, in der munter die bunten Blumen spiritueller Phantasie sprießen. Es gilt, die Rückkehr des Religiösen zu verzeichnen in all seinen Varianten. Wenn Säkularisierung die Überwindung des religiösen Denkens bedeutet, so deutet die postsäkulare Epoche eine Wiederauferstehung des Religiösen an.

Das postmoderne Kind, das zu seinem einstigen Segen in ein System völliger Materialität gezwängt war, hatte bisher ja allerhand zu bewältigen: den Fall aller Gewißheiten seit 1985; das ökologische Desaster von Tschernobyl; die Revolution von 1989; das Austrocknen der politischen Ideen von Freiheit und Gerechtigkeit; den schleichenden Tod des Sozialstaats; den rasanten Wandel der Kommunikationstechnologie; die neuen Formen des globalen Terrorismus. Der erwachsen gewordene ICHling ist verloren im Kosmos der Möglichkeiten. Alleingelassen von allen. Bedrängt von Hektik. Zerfressen von Streß. Aus der Leere des Seins in die Fülle des Nichts. Ein emotionaler Rückfall. Das ist der Moment, da der einzelne zu suchen beginnt. Das läßt er sich einiges kosten.

Sinnsuche ist der Markt der Gegenwart. Fingerzeige des Schicksals bringen Milliarden ein, weil der Zeitgenosse sich nach spiritueller Auffahrt sehnt. Dem freien Subjekt ist seine Selbstgewißheit abhanden gekommen und damit Sinn. In der Gewinnergesellschaft will und muß jedes ICH siegen und sich behaupten, ein klein bißchen Übermensch sein, über sich hinausgehen. Aber wie? Das postmoderne Ich ist atomisiert, allen geistigen Verankerungen enthoben, es verantwortet nur noch sich selbst. Vielleicht aber hat dieses atomisierte ICH Selbstverantwortung niemals gelernt, vielleicht hat es noch »alte« Glaubenssätze und überhaupt diffuse Ängste. Wie kann der ICHling sein gedemütigtes Ich aufpolieren? Durch Kraft. Wie kommt man im Erschöpfungszustand zu Kraft? Durch Training. Wer kann das ICH trainieren? Einer, der Power, Frische und Aufbruch verspricht, der motivieren kann und Ressourcen anzapfen, einer, der Geist mit Körper, Leib mit Seele versöhnen will.

Motivationstrainer und Kommunikationscoaches haben die Rolle der postmodernen Priester übernommen und den narzißtisch gekränkten einzelnen zu einem starken ICH gerüstet. Sie konstruieren die spirituellen Aufzüge zur ICH-Erhebung. Plötzlich gibt es da einen, der sagt: »Du schaffst alles!«, »Auch du hast Erfolg!«, »Du kannst vor Hunderten sprechen!«, »Du bist besser als dein Konkurrent!« Und dann kommt das *Winner*-Image, und das ICH fühlt sich wieder verdammt mächtig an.

So war das bis vor etwa fünf Jahren. Da brach mit der New Economy und ihrem Optimismus ein ganzer Lebens- und Seinsstil, eine ganze Glaubensform zusammen. Seelen kollabierten und fielen gekränkt ins Nichts. Es war, als hätte danach eine Rückbesinnung, ein Rückzug in die wärmende Innerlichkeit stattgefunden.

Heute möchte sich der ICHling nicht mehr von außen beeinflussen lassen. Er erlebt den Umkehrschub: Galt früher Ich-Stärke mit dem Ziel der Ich-Erhebung, gilt jetzt Ich-Aufgabe mit dem Ziel des Ich-Verlusts. Huldigte man vor kurzem noch dem Willen zur Tat, propagiert man jetzt den Willen zur Tatenlosigkeit. Das powernde Subjekt von einst sucht nun die spirituelle Höhe abseits jeder Gier nach mehr. Früher hieß Lebensbejahung Erfolgsbejahung. Jetzt heißt Lebensbejahung Erfolgsverneinung. Leben heißt jetzt Leben im Jetzt. In der Fülle des Moments. In der Kraft der Gegenwart.

Mancher ICHling besucht deswegen jede Woche Satsangs, Workshops oder Meditationsseminare mit Garantie auf Erweckungsromantik. Er strebt nach Einbettung ins Kosmische. Er will die Unmittelbarkeit einer großen Erfahrung und einer Erfahrung der Größe. Er will Stille und Einkehr. Er sucht nach dem Oben, denn das Oben steht als einziges nicht zur Disposition. Er will das Oben ganz allein erfahren, ohne Regel, ohne Gehäuse, ohne Weihrauch. Er will die Sicherheit einer Identität mit sich. Er will sich spüren. Er will sein Ich vergessen und sein Selbst überschreiten.

Das ist der Moment des »Erwachens«. Erwachen ist das

Spüren der spirituellen Stille im Raum. Für das Erwachen braucht man ein anderes Bewußtsein. Es ist eine Form des Antizeitgeists. Nichts sein wollen. Keine Vorstellung haben brauchen. Nicht inszenieren müssen. Keine Show ums goldene Ich veranstalten. Der Beschleunigung entsagen. Einfach sein. Selbst sein. Wahres Erwachen bedeutet Auflösung der personalen Identität. *Ich* hingegen ist der höchste Ausdruck eines dauerhafte Erfüllung suchenden Elementarteilchens in einer hyperaktiven Leistungsgesellschaft. Erwachen ist das infinite Überschreiten des Ichs.

Den Erwachten geht es um Bewußtseinsevolution, um den Fluß des *einen* Bewußtseins. Die verhetzten Subjekte der kranken Welt sehnen sich nach der Geborgenheit einer Gemeinde in der Stille. Sie, die im permanenten Kampf um soziale Anerkennung wieder und wieder Niederlagen eingesteckt haben, sehnen sich nach einem, der sagt, das Glück ist immer schon da und für jeden greifbar; der sagt, Friede ist möglich; der sagt, gebt und macht Liebe, hier und jetzt! Und auf den Workshops wird es, zum höheren Gemeinschaftsglück, sodann leibhaftig umgesetzt ...

Wiederverzauberung und Spirit-Sucht

Wie gesagt, steckt der ICHling im Dilemma der doppelt vererbten Moral. Die Schuld der Selbstopferung Gottes kann er prinzipiell niemals gut machen, so wenig wie die Schuld der Deutschen an der Shoah. Da »Schuld« die Zentralkategorie christlicher Ethik und der Glaube an die Selbstopferung Gottes in seinem Sohne unabdingbare Voraussetzungen des Christentums sind, sind die postmodernen Zöglinge der Erregungsgesellschaft zum überwiegenden Teil keine Christen im eigentlichen Sinne mehr. Der Glaube an die katholische Dogmenlehre ist, mit Ausnahme radikaler Jungchristen, nicht ihr Thema. Welcher ICHling möchte noch akzeptieren, daß ihm die Erbsünde in die Wiege gelegt worden sei?

Der postmoderne Zögling glaubt an die Schöpfung durch irgend etwas und fordert zugleich eine umfassende Biopolitik, auf daß die Stammzellforschung so schnell erlaubt werde wie das Klonen von Organen zu medizinischen Zwecken. Biopolitik ist für ihn eine andere Form von Verantwortung: Sie verantwortet die Möglichkeiten des medizinischen Fortschritts, was, da es das Leid lindert, nur gut und gewollt sein kann. Jeder medizinische Fortschritt war anfangs eine moralische Zumutung, und jede Operation und jedes Medikament ist ein Eingriff in die Natur. Über moralische Implikationen machen ICHlinge sich keine Gedanken. Dem Moralischen an sich sind sie fern. Moral, das ist normative Verständigung, das ist Diskursethik, das ist Habermas. Das ist Alte Republik.

Jede Form von institutionalisierter Ethik hat ihre Bindekraft verloren, wohingegen das kleine persönliche Ethos an Wert gewinnt. Die katholische Kirche ist eine peu à peu sich selbst abschaffende Organisationsform des spirituellen Begehrens. Sie hat eine schlechte Zukunft in den Regionen des westlichen Kulturkreises, deren Bewohner spirituell bereits entwurzelt sind, weil sie sich auf der formalen Grundlage ihrer archaischen Mythen über die entmythologisierte Wirklichkeit stellt. Die Deutungshoheit der christlichen Religion ist an ihr Ende gekommen, auch wenn Abertausende junger Menschen dem sterbenden Johannes Paul II. auf dem Petersplatz in Rom die Ehre erwiesen, was, durch Medienhype und

Hysterie forciert, Züge eines emotionalen Massenevents wie Woodstock und die Olympischen Spiele besaß. Es scheint fast, als habe das Credo eine Änderung erfahren – von: »Ich glaube an Gott, den Vater, den Allmächtigen, den Schöpfer des Himmels und der Erde und an Jesus Christus ...« zu: »Ich war dabei!«

Es verbirgt sich hinter der Sehnsucht nach einer spirituellen Führungspersönlichkeit vielmehr die Sehnsucht nach Verzauberung und Transzendenz, nicht aber die Sehnsucht nach einer kirchlich verkündeten Moral. Das trifft zu, obwohl Hunderttausende Rucksackchristen zu den Offenbarungsfestspielen des Weltkatholizismus, den Weltjugendtagen pilgern, wo es ihnen in erster Linie um den *Feel-good*-Faktor eines Mega-Erlebnisses geht, um Jesus-Happening, Multikultiparty, gelebte Liebe. Genau genommen ist die jungchristliche Selbstbegeisterung das sozialpsychologische Phänomen einer Heimatsuche: die Hoffnung auf einen Ort, auf Halt gebende Rituale, ein Hunger nach Bildern und Vorbildern, deren Märchen unüberprüfbar in den Archiven der Bibel lagern, von denen ein Papst aber mit der Aura des alten, weisen Mannes erzählen kann.

Wenn man darunter eine neue Form der Kirche, der Einheit des Allgemeinen sehen will, so ist die Christus-Party junger Jesusfreaks im globalen Lifestyle durchaus ein religiöses, vielleicht sogar urkirchliches Ereignis, fern von der theoretisch errungenen und erkämpften Vereinigung mit Gott und vor allem fern von den Vorgaben der Institution Kirche. Wie viele der jungen Mädchen und dreißigjährigen Frauen, die nach dem Tod Johannes Pauls II. auf den Petersplatz strömten oder dem neuen, von der Jugendzeitschrift *Bravo* mit einem Megaposter zur Medien-Ikone stilisierten Benedetto auf dem Kölner Weltjugendtag im vergangenen August zujubelten, haben morgens die Pille geschluckt? Wie viele kennen das Paternoster in lateinischer Sprache? Wer weiß, was mit der Transsubstantiationslehre gemeint ist? Wer könnte die Trinitätstheorie erläutern? Und wie viele freudvoll gebrauchte Kondome mögen morgens neben den Zelten des Marienfelds zu Köln gelegen haben?

Eine Wiederkehr der Religion gibt es nicht, weil sie nie verschwunden war. Was es gibt, ist die gestiegene Wahrnehmung gestiegenen spirituellen Begehrens. Vielleicht will der entzauberte ICHling einzig die Wiederverzauberung durch nicht nachprüfbare Wahrheiten.

Seit vier, fünf Jahren treten Anhänger einer jungen, evangelikal verstandenen Kirche auf und zelebrieren eine außerordentliche religiöse Expressivität. Sie nennen sich »Jesusfreaks«, sind Patchwork-Christen und fleddern die Bergpredigt nach ihrem Gusto. Manchmal gibt es Lobpreis-Hardcore, Lobpreis-Grunge, Lobpreis-Punk. Sie glauben an die Gläubigkeit, komponieren ihre eigene Liturgie und choreografieren sie nach dem eigenen Sinn für Frömmigkeit und Freiheit. Sie beten und wollen ihre eigene Kirche, weil sie die erstarrte Hierarchie der Amtskirche ablehnen, die alttestamentarische Sprache, die verstaubten Choräle. Sie spüren die Sehnsucht nach dem Wunder und wollen die banale, heillose, taube, entseelte Wirklichkeit verlassen. Sie sind Wanderer der Popkultur auf der Suche nach dem Sinn ihres Daseins. Sie taufen sich selbst in Elbe, Isar, Spree, in Talsperren, Swimmingpools und Seen, und sie stoßen hinein ins spirituelle Vakuum der gottlosen, aber götzenreichen Konsum-kultur. Sie alle erhoffen sich von Jesus Sinnzufuhr gegen die absurde Existenz. Hey, sagen sie, es ist geil, mit Jesus zu le-ben, es geht auch anders, das Reich Gottes ist sichtbar und kraftvoll, *just let Jesus reign your life*. Sie suchen das Erlebnis mit Gott, dem Sohn, dem leibhaftigen Heiligen Geist, dem *Spirit*. Und diese Form der christlichen Wiedererweckung, so scheint es, ist erst der Beginn, Glauben neu bekennen und ausdrücken zu lernen.

Die religiöse ICH AG

Seit Mitte der achtziger Jahre hat der Pluralismus auch die Religion erfaßt, und wie das Politische ist das Religiöse auf den Boulevard gekommen und zum Stoff der Massenmedien geworden. Priester gehen in Talkshows und erklären dem Volk die Apostolische Konstitution, zwischen Tour de France und Gerichtsshow werden Sondersendungen zu Papsttod, Papstwahl, Papstbesuch eingerichtet. Die Bischöfe jubeln und baden in der Menge, und der Pontifex wird Popstar.

Religiöser Pluralismus ist Glaube nicht mehr an einen oder *den* einen Gott, sondern an alles mögliche: an Götter, Götzen, Helden, Energie, Nirwana, Prana, Brahman Atman, Ufos, Engel, Hexen. Die Glaubens- und Wertbindungen des einzelnen sind gelockert, oft gelöst. Die Religionszugehörig-keit ist keine in Erz gemeißelte Tatsache mehr, sondern ein Produkt des Prozesses, in dem der ICHling sein spirituelles Selbst eigenständig konstruiert, ohne mit einer Institution in Konflikt zu geraten. Er kann alles ändern und an allem et-was ändern. Er lebt praktizierte Privatspiritualität. Einen per confessionem verankerten eindeutig markierten offiziellen Heilsweg gehen nur noch ganz wenige, und zu Ende gleich gar nicht. Eine der ersten Aktionen als mündiger Steuerzahler ist meist der Kirchenaustritt, weil man mit jenen etwa 140 Euro lieber zu einer Höhlenmeditation nach Lanzarote jettet oder seinem Guru zum Seminar in die Alpen folgt. Festzustellen ist eine Ent-Kirchlichung und Ent-Christlichung, was verblüffend ist, da es sehr wohl eine Re-Spiritualisierung und Re-Theologisierung gibt. Gewinner im Wettstreit der Anbieter sind also die esoterischen Strömungen, die eben genau ICH-Ermächtigung, Selbsterhebung und mystische Verschmelzung mit dem Absoluten versprechen.

Die Postmoderne hat eine ganze Kohorte zu einer heillosen, heilsfreien und zugleich heilssüchtigen gemacht. Das metaphysisch obdachlose Leben einer Jugend im globalen Kapitalismus wurde und wird noch immer verstanden als Leben in der Leere der eigenen Gottesfinsternis. Welt kann nicht mehr selbst erfahren werden, weil sie immer schon da ist: Für jede noch zu machende Erfahrung gibt es bereits ein Bild, für jedes Gefühl ein schon gefühltes Statement. Die Totalvermittlung von Welt durch das digitale Bild in den allgegenwärtigen Schleifen der Massenmedien raubt dem einzelnen die Möglichkeit, irgend etwas Geheimnisvolles für sich zu erspüren. Große Emotionen sind entsprechend codiert, damit sie leicht nachzuleben sind.

Ein in seiner Postsäkularität geradezu typischer ICHling ist beispielsweise der Lifestyle-Buddhist, dem die Auflösung des Ichs und seiner Pflichten, das Versprechen auf Glück und die Freiheit von jedwedem Gehorsam sehr behaglich scheint. Die asketischen Gesetze des Buddhismus im Streben nach

Erlösung lebt er natürlich nicht, weil er in seinem Hedonismus lieber das barocke, auf sinnliche Reize wie Orgelmusik und Gesang ausgelegte Selbstverständnis des Katholizismus hat und ohnehin dessen Rituale schätzt: eine Hochzeit in Weiß, ein Begräbnis mit Priesterrede und ewigem Segen im heiligen Boden eines umzäunten Friedhofs. Daß der wahre Buddhist aus dem Rad der ewigen Wiederkehr des Leids herausstrebt, weiß der westliche Buddhismus-Konsument nicht, denn er scheint geradezu hineinzudrängen. Einerlei. Der Freizeit-Buddhist fühlt sich fein und weiß sich auf seiten des Zeitgeists. Er meditiert jeden Morgen ein Mantra und läßt das seine Umgebung auch gern wissen. Er besucht Yogakurse, parfümiert die Wohnzimmerluft mit Räucherstäbchen und schwärmt vom Dalai Lama als dem größten Weisen unserer Tage. Ferner schaut er sich vom japanischen Shintoismus die Ungezwungenheit ab, eingerichtet ist er nach Feng Shui, und statt an einen absoluten, personalen Gott glaubt er, irgendwie, an eine kosmische Energie, die sozusagen seine Chakren verbindet. Die ICHline an seiner Seite trägt ein Kreuz an der Halskette, betet so wenig, wie sie an die Dreieinigkeit Gottes glaubt, weil sie das Wort der Trinität noch nie gehört hat, findet allerdings, daß sie sich durch transzendente Anrufung einer göttlichen Energie vor den Zumutungen des Schicksals geschützt fühlt.

Die postmoderne Ich-AG ist auch eine religiöse ICH-AG. Für den ICHling ist Konfession nicht mit Pflichten oder dem Mut zum öffentlichen Bekenntnis verbunden. Sollte es eine Art Bekenntnis geben, verlegt er es in sein Inneres, da kann es nicht kontrolliert werden. Dieses Streben nach unveräußerlicher Innerlichkeit ist in gewisser Weise romantisch und fügt sich in die Sehnsucht nach Einheit und Gewißheit. Das subjektzentrierte Erleben der Romantiker Anfang des 19. Jahrhunderts ist durchaus vergleichbar mit der Sehnsucht nach mystischer Erfahrung und Selbsttranszendenz der postmodernen ICHlinge aus der bürgerlichen Mittelschicht, die nun in der Sackgasse wenden. Sie fahren vorwärts zurück, nicht rückwärts.

Dritter Wendekreis:
Die Geburt der Neuen Bürgerlichkeit

Die Einsicht, daß die Welt brüchig sein könnte, ist für den gelernten Wohlstands-ICHling jung. Der lange ungestörte Radikalindividualismus ist verstört. Die gedemütigten ICHlinge haben die Brüche wahrgenommen und biegen, auf dem Zenit ihrer Selbstverwirklichung, beregnet von weltwirtschaftlichen Gewittergüssen, nach Ende der Sackgasse in Richtung Rückraum ab. Sie fragen, wie man den Kapitalismus, der für sie selbstverständlich ist, an eine neue Form ziviler Gesellschaft rückbinden kann, und arbeiten so, bewußt oder unbewußt, am Projekt der Bürgergesellschaft. Das weist sie als strukturell konservativ aus (im mindesten als zukunftsbesorgt), denn ein Bürger im eigentlichen Sinne ist immer konservativ gesinnt, weil er sich gegen Verlust und Unsicherheit definiert, was Halt gibt und sinnvoll ist.

Ihre Utopieferne, die Absage an jede Theorie, die entintellektualisierte Lust an der Gestaltung und Ausstellung des eigenen ICHs als Kunstwerk im Trümmerfeld dessen, was einmal eine nationale Wert- und Lebensgemeinschaft war – all das deutet aber auf eine *neue Form* von Konservatismus hin. Konservativ sein heißt heute landläufig, das Leben an der christlich-abendländischen Kultur und ihren Wert- und Moralvorstellungen auszurichten. Man könnte aber auch im Umkehrschluß behaupten: Je weniger prägend das christliche Weltverständnis für den einzelnen noch ist und je weniger er sich als Träger von Werten abendländischer Herkunft definiert, desto weniger konservativ, desto herkunftsfreier und losgelöster, gegenwarts- und zukunftsorientierter wird er sein. Weil Konservatismus als Ethos, als Form des Verhaltens also, eine Haltung an sich ist, verliert er nicht deswegen seine Anziehungskraft, weil die Anziehungskraft des Christentums schwindet. Eine neue Form des konservativen Verhaltens hat sich herausgebildet, die typisch ist für den ICHling: Er spielt mit den Formen und pflegt einen konservativ anmutenden Lebensstil, der nicht konservativ im eigentlichen Sinne ist.

In ihrer phänomenalen Rat- und Leidenschaftslosigkeit sind die ICHlinge die Gründungsmitglieder einer Neuen Bürgerlichkeit. Ihr Konservatismus ist bewahrend im eigentlichen Sinne. Er ruft nicht manifestartig den Imperativ zur Verbesserung der Welt aus. Er setzt auf das Erreichte, das es gegen die Zumutungen der Zersetzung zu verteidigen gilt. Er wird da politisch, wo es um die Bedingungen fürs persönliche Lebensglück geht. Der wirtschaftliche Niedergang und die Überalterung der Gesellschaft, hat der Sozialwissenschaftler Stanley Kurtz zu bedenken gegeben, könnte die Menschen von morgen zwingen, sich wieder auf die Familie statt auf den Staat zu verlassen, was zu einer Renaissance des traditionellen Familienlebens führen wird. Familie ist etwas klar Identifizierbares, etwas scheinbar Eindeutiges und vermeintlich Steuerbares. Familie gibt dem Unbehausten eine Behausung, den aus dem Luxus Vertriebenen eine Heimat und, da sie austauschbar geworden zu sein schienen, eine Aufgabe. Man kann schon jetzt feststellen: Die vor kurzem noch total individualisierten Atome docken zunehmend an; sie sympathisieren mit der Kleinfamilie, die typisch für die postmoderne Kohorte ist, weil sie zwei widersprüchliche Bedürfnisse zusammenführt: Sie erlaubt maximale Selbstverwirklichung bei minimaler Vereinsamung.

Verhalten statt Werte

Mit dem traditionellen Konservatismus der Alten Republik und seinen Idealen Familienpatriarchat, Nationalstaat, Militär und Christentum, hat der neubürgerliche nichts mehr gemein. Der alte Werte-Konservatismus ist ausrangiert, wie das alte Bürgertum oder die Bourgeoisie ausrangiert ist, weil es die sie tragenden Schichten nicht mehr gibt. Die Neue Bürgerlichkeit ist kein neues Bürgertum. Das Bürgertum ist passé. Es war im 19. Jahrhundert die Antwort auf die Regentschaften absolutistischer Herrscher, als man sich Selbstgestaltung, Eigenverantwortung und einen sozial abgefederten Kapitalismus erkämpfte. Dann hatte sich der Staat herauszuhalten aus Erziehung und Bildung, und als sich schließlich die hemdsärmelige Bourgeoise in der Gründerzeit nach 1870 klassisches Bildungsgut anzueignen begann, generierte sich über die Verschmelzung von Bürgertum und Bourgeoisie das

Bildungsbürgertum – feudal angehaucht, autonom, mit der Ambition auf großen Stil.

Der Neo-Konservatismus der Neuen Bürgerlichkeit ist auch etwas anderes als jener christlich imprägnierte, messianische Fundamentalismus, den seit einigen Jahren die Neo-Cons der amerikanischen Rechten mit missionarischem Eifer als politische Theologie vollziehen. Davon ist er ebenso klar abzugrenzen wie von jeder politischen Reaktion: Der Reaktionär sehnt sich zurück zum angenommenen (und von Gott oder einer souveränen Gewalt überwachten) Paradies. Die Reaktion ist insofern politisch gefährlich, da sie für sich das Privileg der historischen Wahrheit reklamiert, das, im Ausnahmezustand, mit dem Mandat zur gewaltsamen Durchsetzung ihres Traums von der Idylle verbunden ist.

Es geht den ICHlingen nicht um das Bedürfnis nach souveräner Macht oder um den Rückzug des Staates aus dem öffentlichen Leben oder die Amputation der Wohlfahrtsstaatlichkeit zugunsten der Eigenverantwortung. Gemeinschaftsgefühle, nationale gar, hat ein ICHling nur im privaten Raum; Visionen einer konservativen Revolution sind nicht erkennbar. Der Begriff »konservativ« sollte also neu bewertet werden.

Der ICHlings-Konservatismus ist ein egozentrischer Konservatismus. Der konservative Dreißigjährige der Neuen Republik pflegt das bewegliche Verhandeln eigener Wertvorstellungen, die zugleich Allgemeinwerte sein könnten, es aber nicht unbedingt sein müssen, denn darauf wird kein gesteigerter Wert gelegt. Sein Konservatismus ist eher eine Art gemeinschaftliches »Kokooning«, ein Sich-Verpuppen, ein

Sich-Zurückziehen in die Heimeligkeit seiner umzäunten Parzelle. Ein eher lebensweltlich brauchbares Arrangement denn ein moralisches Projekt, weswegen auch nicht von einem ideologischen Rollback zu sprechen ist. Die abendländische Kultur in der Form eines katholisch wahrhaften Christentums leben die neukonservativen ICHlinge nur noch sehr bedingt; mit der Auslegung des entsinnlichten Protestantismus und seiner freudlosen Pflichtethik finden sie sich so gut wie gar nicht mehr ab. Deswegen sind auch die konservativen Parteien für die ICHlinge keine politische Heimat, die ICHlinge haben gar keine Heimat, ihr kulturelles Zuhause ist ein Reservat materieller und spiritueller Sicherheit. Mit ihrem Plädoyer für Gott in der Präambel, dem Kampf für Kruzifixe in Klassenzimmern oder dem Bekenntnis zum Kirchgang hingegen koppelt die CDU/CSU sich an den klassischen, überholten, nicht an den neubürgerlichen Konservatismus als Verhaltensform an. Das ist einer der wesentlichen Unterschiede der Neuen Bürgerlichkeit zum alten Bürgertum und Bildungsbürgertum: Es geht eher um Verhalten denn um Werte. Das alte (sozusagen altrepublikanische) Milieu des Konservatismus, in dem Bildungsgrad, Herkunft, Staats- und Gottgläubigkeit den Ton angaben, gibt es unter den Dreißigjährigen nicht mehr. Mit der Bourgeoisie, dem kultivierten, mäzenatisch auftretenden Unternehmertum haben sie ebensowenig zu tun wie mit dem intellektualisierten Großbürgertum, seiner Trennung von Kunst und Politik und seiner Anrufung des Wohllauts von Seelenfülle und humanistischer Noblesse.

Gehobene Schätze

Die Neuen Bürgerlichen sind pragmatisch ohne Programmatik. Sie spüren die Sehnsucht nach einer Revision der in Systeme und Subsysteme zersplitterten Gesellschaft, die mittlerweile so unübersichtlich geworden zu sein scheint, daß nichts mehr sie im Innersten zusammenzuhalten in der Lage ist. Ihre Antwort darauf ist die Reanimierung der Traditionen als Verfügungsmasse fürs subjektive Mosaik. Die Neue Bürgerlichkeit ist etwas Neues, das sich aus Altem bedient; in ihr zeigt sich das Gesicht einer Kultur, die zitiert, epigoniert, sich Moden unterwirft und Schätze hebt, wann sie es für geboten hält: nicht weil der Schatz an sich unermeßlichen Wert hätte und zur Anschauung der großen Vergangenheit diente, sondern weil er gut und gerne jetzt und hier zum derzeitigen Lebensgefühl paßt. Die Neuen Bürgerlichen stehlen sich aus dem bildungsbürgerlichen Traditionsbestand, was sie brauchen und in ihr kleines konkretes Leben integrieren können. Es ist ja keineswegs so, daß sie Bedeutung, Substanz und Anspruch in Bausch und Bogen ablehnen. Es ist ihnen schlicht egal. Also tragen seit kurzem die Studenten an der Traditionsuniversität Bonn wieder Talar und Barett und feiern ihren Abschluß in alter Tracht; Zeremonien gelten etwas, Rituale haben an Wert gewonnen. Alte Moden werden rückgeholt, weil neue Moden neuerdings das Alte brauchen, um neu zu sein. En vogue geraten sind altmodische Sehnsüchte nach einer neuen Mode des Altmodischen. Und wenn neukonservative Paare Samba und Salsa tanzen, und wenn sie Tango lernen, fühlen sie sich schon recht verwegen ...

Wer heute als konservativ gelten will, strebt nach sozialer Abständigkeit. Nach Distinktion. Nach Distance. Die gute Manier, die Höflichkeit, der feine Umgangston – all das sind Formen der Distance. Größer als mit dem Programm der neubürgerlichen Distinktions-Ambitionen könnte im übrigen der Unterschied des ICHlings-Konservatismus zur romantischen Geselligkeitsgemeinschaft der Achtundsechziger nicht sein.

Benimm und Tugend

Als vor drei Jahren Prinz Asfa-Wossen Asserates Traktat »Manieren« bestsellernd auf die Verkaufstische des Buchhandels kam, war ein Signal gesetzt, und die ICHlinge im Wendekreis der Rückbesinnungen und Wiederkehren hatten einen Ausdruck für ihre Suche nach Form gefunden. Anstand. Benimm. Goldene Werte aus dem kulturkonservativen Tableau. Nicht Handkuß und Knicks sind im Kommen, sondern Tugenden wie Pünktlichkeit und vor allem Höflichkeit. Man beginnt, sich wieder zu benehmen, wahrt den Raum des anderen – was notwendige Überlebensstrategie in überfüllten Großstädten ist, wo einem immer ein anderer in die Quere kommt.

Stilbewußte Mittdreißiger also siezen sich schon einmal zur Begrüßung oder geben in aufrechter Haltung die Hand, und es kommt vor, daß sich der dreißigjährige Mann dabei sogar ein wenig verbeugt, eine zarte Geste, nur in der Andeutung, aber die Andeutung deutet auf gewollte Distinktion, auf ein verschließbares Innen und Außen, auf die Abgrenzung vor der Welt der Unordnung, die nicht ins Gehege geraten soll mit der eigenen, reinen, im Geiste geordneten

Welt. Jene jungen Männer (nicht nur Kinder aus Arzt- oder Anwaltshaushalten mit Yachtclubzugehörigkeit, die mit ihren Müttern am frühen Nachmittag Brahms' Klavierkonzert nachspielen) besinnen sich auf das alte, vielleicht gute, vielleicht antiquierte, jedenfalls Halt gebende Rollenverständnis, und es ist zu beobachten, daß sie sogar der jüngeren Frau die Tür aufhalten, im öffentlichen Raum gezielte, feine Zurückhaltung üben und mit dem anredenden *Sie* die verlorengegangene Distanz aufwerten, was in der Welt des totalen Boulevards und seiner Gier nach Nähe und gefledderter Intimität kühl, vielleicht verklemmt, jedenfalls fremd wirken kann.

Gute Manieren unterscheiden und ermöglichen Grenzziehungen. Respekt etwa, vor wenigen Jahren als alberne Attitüde bürgerlicher Gutmenschen belächelt, kehrt zurück als sozialer Kitt. Kurioserweise steht Respektlosigkeit heute unter dem gleichen Verdacht, unter dem vor zwanzig Jahren Respekt stand. Respekt meint im eigentlichen Sinne Umsicht. Kaum etwas ist in der Erregungsgesellschaft stärker verlorengegangen als das Gefühl für das richtige Maß an umsichtiger Nähe und nachsichtiger Distanz. Das Bedürfnis nach Umsicht zeigt erstens dasjenige nach einem ureigenen persönlichen Raum an, der von niemandem betreten werden soll, es sei denn, man lädt ihn dazu ein. Zweitens gewährt man jenen, die nicht im persönlichen Blickfeld stehen, einen ebenso unverletzlichen Raum. Drittens bedeutet Respekt Demut vor etwas Größerem als dem eigenen ICH-Atom, die Anerkennung von Leistung, Persönlichkeit und Kreativität, von Kultur als Ganzer. Respekt paßt diesertage nicht ins verbale Arsenal des Revoluzzers, sondern eher in den Wortschatz des Pragmatikers, der sich in immer größer werdenden Städten aufhält, in immer enger zusammenrückenden Kulturen, in einem sich immer stärker auslebenden religiösen Pluralismus, im Umgang mit immer älter werdenden Alten. Von Respekt ist der Weg zur Ehre nicht mehr weit: Wer Respekt erweist, drückt Ehrerbietung vor *dem Anderen* aus. Im künftig überlebenswichtigen Verhältnis zum islamischen Kulturkreis und seinem Ehrbegriff könnte »Respekt« von erheblichem Vorteil sein.

Höchste Zeit für Hochzeit

Die Neuen Bürgerlichen heiraten wieder. Sie tun es aus Überzeugung, aber unter Ausschluß der Tradition. Sie lehnen sich an konservative Wertvorstellungen an, ohne sie zu verinnerlichen. Sie sind Konformisten des Unkonformen und halten sich nicht an die Überlieferungen, die sie bemühen. Ehe- wie Glaubensbekenntnisse sind nicht länger an Formeln und Formalien gebunden, die moralische Formatierung des Lebens ist aufgehoben. Das ist, zweifelsohne, eine unerhörte Befreiung einschnürender Konventionen.

Die einen heiraten in der Kirche auf dem Land in kleinem Kreis, die anderen ohne Familie, ohne Gott und vielleicht ohne Segen, dafür an den Stränden von Bali oder Hawaii oder in der Chapel von Las Vegas, nachdem sie sich auf der Gondel von Venedig einen Antrag gemacht haben. Ein Erlebnis muß es jedenfalls sein. Die vollzogene Hochzeit ist eine Art geheimer Ratschluß, den man den Freunden ein halbes Jahr später überbringt, mit einer unerhörten Beiläufigkeit. Goldene Ringe trägt man nicht, und wenn überhaupt Ringe, dann silberne. Treue auf ewig ist kein sinnvolles Versprechen mehr, die Formel vor der Scheidung per Tod von abergläubischer Güte. Mit der Ehe kommt nicht die Last der Verantwortung. Es kommt die Lust an der Geborgenheit. Die Poesie des Heiratsantrages etwa, die Romantik des Zweierbundes als Bündnis der Einheit, das Ankommen, Einschiffen und Ankern im Hafen nach stürmischer Seefahrt. Damit ist keineswegs gesagt, daß sich durch die Renaissance der Hochzeit auch eine Wiederkehr der traditionellen Familienwerte ankündigt. Für die Hochzeit sucht man sich einen Psalm. Wo die Psalmen in der Bibel stehen, weiß man nicht.

Wenn zwei ICHlinge heiraten, verdoppelt sich ihre Individualität. Kaum jemand wird freiwillig die Last auf sich nehmen, zwei Familien zu einem rauschenden Fest zusammenzuorganisieren in Zeiten, da der eine Vegetarier ist, die andere nur Bio-Geflügel ißt, der dritte keinen französischen Rotwein mag, der vierte ein Zeitfenster von 10.30 bis höchstens 15 Uhr eröffnen kann, die geschiedene Mutter die neue Freundin des Vaters haßt und der aussortierte Vater nicht vor Rührung weint, sondern aus Verzweiflung angesichts seines eigenen Schicksals. Also vollzieht man das Ereignis für sich, an sich, mit sich. Teilen braucht man es mit niemandem. Mitteilen gar nicht.

Die Rückkehr des Spießers

Alles in allem betrachtet, ist die Neue Bürgerlichkeit ein neokonservativer Feldversuch zur eigenen Versicherung. Eine seiner augenfälligsten Erscheinungen, die im Koordinatensystem der Berliner Republik meßbare Wurzeln geschlagen haben, ist der Spießer. Manche ICHlinge aus Trendforschungsbüros, Medienkommunikationsabteilungen und Anwaltskanzleien kultivieren das traditionelle Spießertum auf geradezu unerhört provokative Weise: Sie tragen Krawatte, fordern Gemeinsinn, zivilgesellschaftliches Engagement, eine Art Ritterlichkeit, Disziplin und Persönlichkeitsbildung. Sie bekennen sich zu sich, schwören Treue, feiern die Kleinfamilie als Lebensziel und als Keimzelle der Gesellschaft und lehnen sich, ein bißchen, gegen den Verfall der Sitten auf. Sie klagen Manieren ein, um sich selbstgerecht auf ihr manierlich abgestecktes Terrain zurückzuziehen. Andere, nicht allzu weit von jenen entfernt, sprechen von Stil und zelebrieren die Arroganz der Eleganz mit rosa Kaschmirpullis, Polohemden von Lacoste samt aufgestelltem Kragen und Pullunder von Burberry. Was sie kultivieren, sind nicht die Formen seelischer Vornehmheit. Sie kultivieren den Schein.

Die Inneneinrichtungen der Reihenhäuser oder Dreizimmerwohnungen neubürgerlicher Spießer sind von schwedischem Design, nach Art des Landhauses, mit eierschalfarben bezogenen Couches, auf dem weißen Sessel das Teddybärchen aus der guten Kindheit, dahinter eine kleine Galerie mit Fotos von Geschwistern und Eltern. *Sie* interessiert sich für Power-Yoga, Golf und Aurasoma-Beratung, *er* gießt die rosaroten Balkongeranien, liest *Men's Health* und ist Fan von Werder Bremen. Samstag abends treffen sie sich mit zwei befreundeten Paaren zum Kochen, anschließend folgen Gesellschaftsspiele. *Sie*, Anfang Dreißig, trägt eine weiße Bluse, im Dekolleté eine alte Perlenkette (von Omi), *er*, kurz über Mitte Dreißig, Krawatte, vielleicht Sakko mit Goldknöpfen, das weiße Hemd bis unter den Adamsapfel geknöpft, am kleinen Finger ein Siegelring (Erbstück).

Den befreundeten Pärchen erzählen sie vom gepflegten Golfspiel an der Algarve oder dem Urlaub im Robinson-Club, wahlweise von neuen Espressomaschinen und natürlich vom Verhalten der kleinen Annasofie oder des einjährigen Leon oder Luka, auf den bis Mitternacht die Kinderfrau aus Weißrußland achtgibt, die zu haben man recht glücklich ist, weil der Kleine sie in sein anspruchsvolles Herz geschlossen hat. Sonntags um halb elf trifft man sich mit einem anderen befreundeten Paar, geht ins Frühstückscafé im Literaturhaus und trinkt ein Gläschen Sekt, einen Café latte, ißt Halbfettquark mit Früchten und Ciabattascheiben mit Nutella ohne Butter. Die männlichen Freunde heißen Michael, Markus, Christian oder Stefan, haben Seidenschals und grüne Barbourjacken und manchmal blau-weiß-karierte Hemden; die weiblichen heißen Sabine, Katja, Petra, Claudia, tragen Jeans, Bluse und Blazer. So gut wie jedes Paar hat sein Kind vorzuweisen, das, im Kinderwagen liegend, neben Steuersenkungsplänen, Wohnungseinrichtung und Sportergebnissen zentrales Thema des Morgens ist, wie es immer Thema ist in einem Leben, das auf Kind, Familie und Bausparvertrag ausgerichtet ist.

Es ist ja nicht selten so, daß sich junge Eltern Anfang, Mitte Dreißig für die besseren Menschen halten, weil sie ihrem Auftrag als staatsbürgerliche Stabilisatoren des Gemeinwesens nachkommen. Manchmal hat es den Eindruck, als sei die Familie Substitut für die verlorengegangene Hoffnung auf die eigene Selbstverwirklichung; die Kleinfamilie als totalitärer Lebensentwurf. Wer sich diesem Entwurf partout nicht fügen will, gerät unter eine Art moralischen Druck, sich bei der vergreisenden Gesellschaft für die eigene Kinderlosigkeit entschuldigen zu müssen, was für einen individualisierten ICHling einigermaßen absurd ist.

Die Welt des neo-konservativen Spießers ist in bestmöglicher Ordnung, weil es eine, als solche arrangiert, arg- und harmlose Welt ist. Ein Kleinbürgerrefugium in der Großstadt. Wohnen, Planen, Dämmern; Kabelanschluß, Flachbildschirm-Fernseher, Privatversicherung. In Küche und Bad ist es aseptisch, vor lauter Sauberkeit riecht es nach gar nichts, höchstens nach einer Duftkerze von Calvin Klein. Vielleicht wufft ein schwer zu begeisternder Golden Retriever, vielleicht ein Weimaraner. Er hat den BMW Z3 in der Garage, sie einen cremefarbenen Mini. Einmal die Woche folgt die Feier des organisierten Ausbruchs in laszive Romantik beim Tanzkurs »Tango Argentino« im Club Tango Matrix; einmal im Monat sogar die öffentliche Tango-Performance im Beachclub Strand Pauli am Hamburger Hafen, die Haut behaucht vom Atem der Elbe, ein unerhörtes Erlebnis.

Sonst: Sauberkeit, Sicherheit, Sparsamkeit, ein bißchen deutscher Neid auf den Nachbarn und die Entlastung, sich aufs kleine Glück beschränken zu dürfen, die Windeln des kleinen Hasen wechseln und mit Anfang Dreißig endlich einen Kleingarten pflegen zu können (eigene Tomaten und Basilikumsträucher für die Insalate Caprese!), so wie Mami und Daddy es gemacht haben. Oder mit Mami die Küchengeräte zu kaufen, die sie selbst (ein Schnäppchen!) erworben, probiert und für gut befunden hat, während Daddy die Wohnung der halbemanzipierten Prinzessin umräumt und beim Baumarkt Zimmerpflanzen kauft, all das freilich, wenn man nicht ohnehin mit der eigenen Kleinfamilie zu Mami und Daddy gezogen ist und nebenan ein Haus gebaut hat (man sagt es nicht öffentlich, aber hier dankt man den stets verachteten Rot-Grünen dann doch für die Eigenheimzulage). Ach, so schön soll es ewig bleiben.

Wer nicht mit den Spießern ins Elysium der Enge zurückkehrt, lebt fort im Strom der individualisierten Lebenswelt, in der es für Verbindlichkeiten keinen Platz gibt. Es ist dann eher ein Leben in permanenten Prozessen und unvorhersehbaren Prozeduren. Die Wirklichkeit ist ein bewegliches Heer an Metaphern und Positionen, und so leben die Unspießer unter den ICHlingen ja auch: Sie koppeln an Menschen an, verweilen hier und da, entkoppeln sich wieder, lassen sich ein und verlassen den Ort, wenn er zu nah kommt. Im Lassen haben sie eine große Lässigkeit entwickelt; binden kommt kaum noch in Frage. Ihnen bleibt, im Gegensatz zu fest gefügten Normsystemen, die *Erfahrung* als zentrales Anliegen. Es sind dies vor allem sogenannte *Quirkyalones*, die glücklichen Einsamen (oder, wie das Wort heißt, »schrullige Alleinstehende«), städtische Singles mit festen Ritualen und Treffpunkten, die nachts auf den Partnerbörsen im Internet hängen oder angewidert den »Bachelor« schauen und sich dennoch in die Siegerin hineinträumen und vielleicht arbeiten sie selbst, souverän und aufgeschlossen scheinend, bei einer der vielen neuentstandenen Dating-Agenturen, deren Verkupplungstechniken exakt auf die Bedürfnisse der nomadisierenden ICH-AGs ausgerichtet sind.

Auf einen Nenner gebracht, repräsentieren die neuen Konservativen eine Art quasibourgeoise Bohème: gutsituierte, beruflich momentan erfolgreiche Berlinerrepublikbürgerliche, deren liebster Autor Eduard von Keyserling ist, der vor hundert Jahren, den Fin-de-siècle-Ennui überträumend, die Romantik eines kulturbürgerlichen Ästhetizismus durchdeklinierte, ein intellektuell unbedrohlicher Chronist deutscher Adels- und Gutsherrenprosa mit Hang zur melancholischen Selbstverklärung.

Fingerübungen neubürgerlicher Ästhetik

Die Sehnsüchte der Neuen Bürgerlichkeit nach Halt im eindeutig Verorteten sind auch malerisch erkannt und seit kurzem in einer eigenen Sprache auf die Leinwand projiziert worden. Junge Künstler aus Leipzig, Anfang, Mitte Dreißig, spiegeln den gekränkten Zeitgenossen ihre zerborstenen Träume. Sie malen Menschen und Gegenstände ohne allegorische Raffinesse, ohne intellektuellen Rückhalt, ohne ideologisches Programm; sie malen linear und nachvollziehbar. In den vergangenen zwei Jahren haben sie einen unglaublichen Aufstieg und Erfolg erlebt, amerikanische Sammler kamen mit Lear-Jets, zogen durch Ateliers und Galerien, hamsterten Vorräte und legten für die Werke zwischen 2000 und 200 000 Dollar hin. Ein Dutzend der Leipziger Jungmaler ist mittlerweile quasi weltberühmt, ausgebucht mit Anfragen und Aufträgen auf Jahre. Mindestens zwei von ihnen könnte man als Maler der Neuen Bürgerlichkeit bezeichnen.

Matthias Weischer, der Interieurästhet, inszeniert menschenleere, klamme, mit nichts oder wenigstens mit Stühlen, Tischen und Sofas bestellte Räume ohne Funktion und Aussicht. Wenn die Räume nicht ohnehin leer sind, dann sind sie metaphysisch entleert. »Spielhalle« ist ein für ihn und die postmoderne Kohorte typisches Bild. Man sieht eine Art Wohnzimmer mit Deckengebälk. Mittig auf einem pflaumenfarbenen Untergrund, der auch reiner PVC sein könnte, steht, aufgesetzt auf einem schlichten Tisch mit faltenwerfender Decke, ein überaus schlichter Flipper, am Bildrand rechts, wo sich, düsterer werdend, ein Gang andeutet, findet sich ein ockerfarbenes Stoffsofa Typ Gelsenkirchener Barock, daneben eine Zimmerpflanze und die Skulptur eines Storchs. Über dem Sofa hängt, als sei's Ausdruck letztverbliebener Sehnsucht, das verpönte Sofabild wie ein ironisches Zitat – kein röhrender Hirsch in Öl, keine blauen Pferde oder die blaue Blume, sondern das Poster der Uferpromenade einer, sagen wir, australischen Großstadt. Nichts in dieser »Spielhalle« atmet die Freude, die Aufgeregtheit eines Spiels, nichts kündet von der Erregung eines möglichen Sieges, einer Niederlage, dem Adrenalin einer Menschlichkeit. Es ist eine Metapher der Erschöpfung und Ratlosigkeit. Aus der »Spielhalle« ist kein Entkommen. Fenster gibt es nicht, Türen nicht. In keinem Bild von Matthias Weischer gibt es eine Fluchtmöglichkeit. Der Titel »Spielhalle« ist Ironie in Reinform.

Mit Ironie spielt auch Christoph Ruckhäberle. Im Bild mit dem Titel »Konversation« fliehen vier antriebslose junge Leute in einem abgeschlossenen Raum in die Stummheit und vollziehen exakt das Gegenteil einer »Konversation«: Sie schweigen. Sie wirken entkräftet, in sich zusammengefallen. Einer, wie Becketts Namenloser, in schwarzer Badehose und grünen Kniestrümpfen, sitzt auf einem Stuhl, und ein anderer, barfüßig, in blauer Badehose, kauert müd unter einem Tisch, auf dessen Platte liegend, ein weizenblondes Mädchen zu ihm nach unten schaut. Trübsinnig wirken die Figuren, melancholisch umflort, als seien sie in ihren jungen Jahren bereits Zaungäste eines tragischen Verhängnisses oder einer Generaldepression. Auch hier gibt es so wenig Entkommen wie Dynamik. Es ist das postmoderne Leben am Ende der Kraft, wo einem nichts bleibt als Hoffnung.

Post und Postillen der Neuen Bürgerlichkeit

Vor zweieinhalb Jahren ging von der einstigen preußischen Garnisonsstadt Potsdam aus das Magazin *Cicero* auf Kurs, ein Cicerone bürgerlicher Werte im wertelosen Land sozusagen, ein publizistisches Flaggschiff distinguierter politischer Kultur, gedrucktes Salongesprächsambiente mit einigen Autoren des klassischen Bildungsbürgertums (jedenfalls nicht mit den überall präsenten Willy Wichtigs aus dem Winkel linksliberaler Schnoddrigkeit). *Cicero* ist der im Ganzen wohlmeinende Versuch, die Boulevardkultur der glänzenden Trivialität mit substantiellem Willen auszuhebeln.

Eher indiskrete Post schickt die Neue Bürgerlichkeit seit kurzem nach: *Park Avenue*. Mit dieser vor Hochglanz blendenden Edel-Postille tritt der Anspruch auf einen allgemeinverträglichen Snobismus auf den Plan, ein Plädoyer für den hohen Stil (den richtigen freilich!), für plebejisch veredelte Kultiviertheit (man darf ruhig arm sein, aber bitte stilvoll) und kulturelitärer Ambition zur neubürgerlichen Erbauung. Es versucht sich im Ton der Anmaßung, seine Autoren sind jene Imitatoren der amerikanischen Ostküstenbohèmiens, die angetreten waren, das deutsche Feuilleton mit irgendwie amüsierwilligen, geistreichelnden, mehr oder weniger irrelevanten Stücken in die Lüfte einer lang vermißten Leichtigkeit zu heben. *Park Avenue* ist ein typisches Produkt der Neuen Bürgerlichkeit und ihrer bislang erfolglosen Suche nach einer sie selbst überzeugenden Stilform. Das Heft ist bislang kaum mehr als ein elaboriertes Gesamtzitat angelsächsischer Magazine. Es setzt auf Mode, streift Reichtum, Millionärskultur, Galerieleben, Springreiten und arbeitet freilich an der Ausrufung einer jungen deutschen Kulturelite zu Ikonen eines neurepublikanischen Zeitgeists.

Unter den neubürgerlichen Schreibern sind auch jene publizistischen Pappkameraden der Postmoderne zu finden, die, kalkuliert oder ernsthaft, das Geschäft einer quasiphilosophischen Verklärung betreiben, wofür als Zitatgeber meist Roland Barthes, Walter Benjamin oder ausgerechnet Theodor W. Adorno herzuhalten hat, der gebrochene, verratene, verräterische Bildungsbürger, der Denker aus den fruchtbaren Tiefen der deutschen Klassik, der das Beethovenhafte so glänzend vertrat und nach dem moralischen Bankrott des bürgerlichen Humanismus post 1945, als Kunst nicht mehr versöhnen konnte, die Seite wechselte, sodann neomarxistischer Kulturkritiker und intellektueller Wortführer der Achtundsechziger wurde, bis er an deren Grobheiten ganz zugrunde ging. Wofür auch immer der schwierige Adorno bemüht wird: Wer ihn zitiert, zitiert geistigen Adel.

Elite, ein Trend

Der heutige Konservatismus ist also nicht die Suche nach der verlorenen Zeit. Konservatismus der Neuen Bürgerlichkeit heißt heute: Aufspüren und Einverleiben von Wertigkeiten im Wandel. Unübersehbar ist dabei die Empfangsbereitschaft fürs Elitäre. Elitär, das heißt: äußerliche Qualität durch Material und innere durch Andersartigkeit. Man verlangt wieder Tiefgang und vielleicht bald Tiefsinn, aber es ist eben nur ein Trend, und die Halbwertszeit von Trends spielt sich auf dem Totalboulevard im Dezimalbereich ab. Gegen die Trivialisierung der Kultur und Ökonomisierung des Lebens jedenfalls regt sich vornehmer Protest. Die Liebe zum Repräsentativen scheint entflammt. Man schmückt sich mit bürgerlichem Kulturgut. Literatur, Philosophie, Musik, Bildungsfassaden im Zeitalter der Massen und Massenmedien spenden einen Hauch von Hochkultur. Es entstehen private Lesezirkel, wo fünf, sechs Gleichgesinnte über echte und auch gelesene Bücher debattieren; Großstadtdamen initiieren Literatursalons nach Art der Rachel Varnhagen im 19. Jahrhundert; junge Frauen und Männer strömen mit Perlenkette und Seidenschal zu Ausstellungen in die Nationalgalerie und ins Haus der Kunst. In Gesprächen schindet ein Doktortitel mehr als nur Eindruck, das Auslandsjahr als Natur- oder Geisteswissenschaftler in Harvard oder Cornell läßt aufhorchen. Nicht nur geht es um Manieren und Anstand im allgemeinen, es scheinen sich Gruppierungen abzugrenzen und Grenzen zu gruppieren: Man verkehrt nicht mit jedem.

Noch immer sind elitäre Grüppchen Minderheiten, aber es sind wachsende. Die Entwurzelten suchen nach ihren Wurzeln, um auf einem neu bereiteten Humus Zukunft zu säen. Die könnte in neuen Utopien liegen, die nicht ideologisch, sondern idealistisch sind. Und doch scheint etwas unwiderruflich zu Ende zu gehen.

Vierter Wendekreis:
Der Tod des Bildungsbürgertums

Das Bildungsbürgertum liegt im Sterben. Seine Reservate verwüsten. Seine Nischen verstauben. Seine letzten Vertreter verlassen die falsche Welt. Das Abendland ist unterzugehen im Begriff. Selbstmord zu Teilen. Zu Teilen Mord. Zumindest weltgeschichtlich betrachtet.

Audiatur et altera pars? Unnötig. Wir wissen, was der letzte Bildungsbürger sagen wird. Er wird erstens darauf verweisen, daß jeder Gymnasiast im mindesten in Kenntnis der thukydidesischen »Leichenrede des Perikles« sein sollte. Zweitens wird er den antiken Sinn einklagen mit dem Verweis, hellenische Historie sei das Fundament der europäischen Zivilisation. Schließlich wird er Sallust preisen, Livius, Tacitus, Catull, Horaz, Lukrez, und er wird Ciceros »De officiis« aufbieten, Ovids »Metamorphosen« und Vergils »Anäis«. Und der Hexameter? Für ihn genauso unentbehrlich wie die platonischen Dialoge und die Grundbegriffe der Epik. Und der Zitatenschatz? Pyrrhussieg, Danaergeschenk, gordischer Knoten: unverzichtbar das Wissen um die Kontexte.

Der Kanon der bürgerlichen Bildung als ein Kosmos miteinander verknüpfter Planetensysteme ist das Wiegenlied des Humanismus. Die Furie des Verschwindens hat ihn weitgehend zum Verstummen gebracht. Der Kanon der Gegenwart brüllt: *We love to entertain you!*

Stilverwehung

Horribile dictu: Latein bildet nicht mehr. Mit der zunehmenden Suspendierung der Amtskirche und des römischen Katholizismus als Form-Garant und Liturgie-Lieferant der öffentlichen Kultur schwindet auch das Latein als Basis universaler Bildung, die Lingua franca der abendländischen Selbstverständigung. Mit dem Lateinischen schwindet schließlich das Römische, das Humanistische, die Formen der Repräsentation, der große Stil. In einer Boulevard-Gesellschaft ist spätestens Altgriechisch ein soziales Ausschlußkriterium. Sittliche Vornehmheit läßt heute eher schmunzeln. Das lässig heraushängende, zum Brustbein hin geöffnete Hemd hat die Krawatte verdrängt und mit ihr eine Haltung zu Leben: Staat und Sein, Repräsentation und Form. Die ganze große Bourgeoisie und ihre Protagonisten, das freie Unternehmertum, das, zu großem Geld gekommen, eine gewisse Schöngeistigkeit pflegte – *tempi passati*.

Nach der Machtergreifung des Mittelmaßes fügen sich die letzten Bildungsbürger dem Schicksal. Zivilcourage finden sie nirgends, weil sie nirgends Zivilität finden. Staatsernst und Staatstreue? Nun ja. Parteien und Verbände werden dominiert von Spießertum und Kleinbürgercorpsgeist. Es gibt weder Handelsbürger noch Beamtenbürger, und an den Nationalstaat glauben nur gestrige Geister. Das Militär als symbolischen Traditionsverband des amputierten Bürgertums nimmt man ungerührt hin. Die politische wie gesellschaftliche Führungsschicht ist so wenig bürgerlich wie aristokratisch. Etwas ist unwiederbringlich verweht. Deutschland leidet unter einer generellen Stil-Verwehung, und wenn Stil

Ausdruck eines Formwillens ist, leidet das Land vielmehr unter dem Versagen der Repräsentation. Man kann das Brandenburger Tor verhängen, das Berliner Stadtschloß über eine Folie imitieren und imposante Fußballarenen in die Öde wuchten lassen. Als Ausdruck von Stil- und Formwillen ist dies ein ganz und gar unantikes Trauerspiel. Stilmangel ist in zweiter Linie ein ästhetisches, in erster ein moralisches Problem: Der Haltungs- und Ausdrucksmangel ist ein Mangel an Selbstwertgefühl, womöglich begründet in schwarzen Löchern des Rückraums.

Der letzte Bürger der Musen und Sprachen, der Hochkultur und Formfreude, der Überzeugungsabonnent der Münchner Kammerspiele, des Bayerischen Nationaltheaters, des Wiener Burgtheaters, des Berliner Deutschen Theaters, des Stuttgarter Opernhauses, der Besucher des Lyrik-Kabinetts und der Nationalgalerie aber wehrt sich tapfer und mit entsprechendem Anstand. In kurzen Momenten, zwei-, dreimal im Jahr, blitzt das alte, toupierte, gestelzte, seine Manierismen pflegende Kulturbürgertum auf, wenn es in seine patinierten Reservate flieht: Bayreuth, Salzburg, Donaueschingen. Daß dort die Boulevardprominenz und die Circus-Maximus-Artisten ihre aus den Tiefen eines verstörenden Geschmacks entsprungenen Garderoben im Blitzlichthagel der Society-Reporter ausführen, ertragen die Kulturbürger mit bewundernswert ritterlichem Gleichmut.

Die schöne N.

Die Oper war einst Selbstrepräsentationsort und gesellschaftlicher Selbstverständigungsraum, heute ist sie das vorletzte Exil deutscher Bildungsbürgerlichkeit. Dem Bildungsbürger kommen die Orte abhanden. Die zunehmende Entkoppelung von Oper und Theaterraum ist ein untrügliches Zeichen für die Auflösung herkömmlicher Formen: Die Oper zieht in Fußballstadien ein und breitet sich auf öffentlichen Plätzen aus. Sie ist nicht mehr notwendig an den königlich-kaiserlich installierten Bühnenraum gekoppelt. Sie wird Event. Sie wird zur Oper fürs Konsensmilieu der Neuen Mitte, übertragen via Riesenleinwand auf massentaugliche Plätze, wo Realschullehrer in Camperschuhen und Sandalen stehen und ausgewählten Arienkrachern lauschen, während drinnen höhere Bankangestellte und die brav krawattierte Belegschaft des Event-Sponsors sitzen. »La donna è mobile«. Rhythmisches Klatschen; Jubilieren. Klassik Open Air ist Trivialisierung der Hochkultur. Die Einebnung des Elitären zum Monetären. Die Russin Anna Netrebko ist die idealtypische Ikone der Hoch- und Tiefkultur-Amalgamierung: jung, sexy, glamourös. Diva commercialis, sponsored by O2.

Noch sind die alten Wächter am Werk, die über die Werktreue befinden; ihre Verzweiflung an dekonstruktivistischen Dramaturgen und Regisseuren ist herrlichste Lektüre. In deutschen Theatern, raunen die ganz und gar nicht unkonservativen Theaterkritiker, könne man nicht mehr sprechen, Sprache werde verhunzt, Silben würden verschluckt. Die Eroberung des Theaters durch den Pöbel der Postmoderne kann der Kulturbürger freilich nicht ertragen. Ist das aber nicht das falsche Gefecht? Will man der heutigen Jugend, will man der boulevardisierten ICHlingsschar im Gedröhn medialer Impulslawinen klassische Werte und Normen vermitteln, muß man sie vor aller Erziehung ästhetisch ködern, sonst kehrt sich der Vorwurf der Bildungsbürger gegen sich selbst und die werktreue Inszenierung von SophoklesShakespeareGoetheKleist wird zum puren Entertainment der nicht notwendig jungen Anhänger des klassischen Kanons, die sich, wenn sie wünschen dürften, die Minna von Barnhelm im Kostüm und nicht in Lederkluft ersehnten.

Erkenntnis ist immer ein Spiegel der jeweiligen Zeit, und die Welt ist eine Bühne. Und wahrscheinlich hat niemand einen weiseren Satz ersonnen als jener anonyme Toilettengänger im Frankfurter Flughafen, Terminal 2, der an eine Kabinentür kritzelte: »Hey, jede Generation hat ihre geilen Seiten!«

Und doch, wider alle rufenden Unken: Deutschland ist noch immer das kultivierteste Land der Welt. Dafür ist dem Bildungsbürgertum auf ewig zu danken, dessen Grundsatz folgend, daß Goethe lesen und Geld verdienen kein Gegensatz ist. Wetten lassen sich abschließen, daß die Reisegruppe im antiken Theater zu Ephesus oder im Kloster auf Zypern oder im Schloß an der Loire eine deutsche ist, dem Führer andächtig lauschend, sodann debattierend und streng marschierend. Das dem deutschen Geist aus der Aufklärung vererbte Pathos des Wissenshungers und des Erziehertums (Lessings »Erziehung des Menschengeschlechts«; Schillers »Briefe über die ästhetische Erziehung«) ist eines der Hauptmerkmale des Bildungsbürgertums und seiner Verwurzelung im spätromantischen Nationalismus. Erziehung meinte Erziehung zur Bildung und Ausbildung von Humanität, deren Ideale man in der griechischen Klassik vorformuliert und vollendet fand. Das Bildungsbürgertum erzog sich zur Nation, indem es die Klassik zum nationalen Kanon erhob. Die Künste wurden zum Selbstverständnismedium der Bürgergesellschaft, dessen geistige Leitidee stark an die protestantische Leistungs- und Gesinnungsethik angelehnt war. Man setzte auf Prädikate und höchstes Niveau, las Talmud, Koran und Bibel, kannte Arabesken und Chopins »Nocturnes«, übte sich in Portugiesisch, interessierte sich für westafrikanische Kunst und plante seine italienische Reise auf Goethes Spuren.

Kultur im bildungsbürgerlichen Verständnis setzt Herkunftsbewußtsein gegen Geschichtsvergessenheit. Das Pathos der Distanz, jene intellektuelle Haltung der Überlegenheit, die den Bildungsbürger über die sukzessive aus Amerika hereinkriechende Popkultur rettete, mußte letztlich den medialen Nahaufnahmen des Totalboulevards und der allgemein-erotischen Erregung des öffentlichen Raums weichen. Natürlich war das Bildungsbürgertum schon viel früher angezählt: 1933, als es den Kleinbürger führen, im mindesten aussitzen zu können glaubte; 1945, als es historisch verwundet, moralisch und politisch desavouiert und völlig diskreditiert war; 1955, als Thomas Mann starb, der letzte bürgerliche Repräsentant der bürgerlichen Repräsentationskultur, zaubernder Lotse deutscher Seelentiefe und faustischer Innerlichkeit; 1968 folgende, als bürgerlich erzogene Kinder ihre Wurzeln kappten, Eliten gezielt zertraten und Schule für alle die höchste aller Weisheiten wurde.

Der zarte Todesstoß aber kam Mitte der achtziger Jahre, als jene postmoderne Entertainment- und Erlebnisgesellschaft sich zur Verselbständigung aufmachte, deren Zöglinge nun im Begriff sind, die bildungsbürgerlichen Ideale Bildung, Nation, Humanismus aus dem Blutkreislauf des neubürgerlichen Koordinatensystems auszuschwemmen.

Daß sich die tradierten Formen auflösen, ist allerdings nicht allein die Folge postmoderner Abrißarbeiten. Es ist geradezu das Resultat einer Wachablösung: der Herrschaft des Intellekts und der Künste durch die Herrschaft der globalisierten Marken. Universal ist nicht mehr die Bildung oder die Moral einer kulturumfassenden Vernünftigkeit. Universal ist die Konformität des globalen Lifestyles. Natürlich ist die Welt der Fontanes und Döblins und Thomas Manns perdu. Oder etwa nicht?

Märchensterben

Mit den Großmüttern sterben die Märchen aus und die Entwicklungsromane mit den Romanciers, die noch an Fortschritt glauben, und die Bildungsromane mit der Bildung, die sich zählen und erzählen läßt, und die großen Erzählungen vom Glück mit den Vertretern der Alten Republik. Heute hat das Bild die Bildung ersetzt, die Sequenz das Ganze, das Detail den Sinn. Das klassische Feuilleton, Sicherheitsbereich des geadelten Wortes, geht mit dem bereits angetretenen Rückzug der alten Könige und Kaiser der Kulturkritik peu à peu nieder; die archaische Mythologie stirbt mit der konsequenten Gegenwartsverleugnung der offiziellen Kirchen, und wer sich noch länger moralisch gegen Homosexuellenehe und Reformulierungen des gemeinschaftlichen Lebens auflehnt, wird von der Geschichte mit Recht verhöhnt werden.

Die Sehnsucht nach der anrührenden Kraft des Klassischen, des Überzeitlichen, Zeitlosen, nach Sinn, Form und der Behauptung eines humanistisch-moralisch imprägnierten Kanons markiert das letztverbliebene Kampfgebiet unnachgiebiger Kulturbürger, die nicht einsehen mögen, daß der literarische und intellektuelle Traditionsbestand Deutschlands nicht länger selbstverständlich ist. Noch immer teilt Marcel Reich-Ranicki der ehrfürchtig lauschenden Nation seine ewigen Lieblinge von Goethe bis Mann über Benn und Sarah Kirsch mit, während Elke Heidenreich (mit der die Massenkultur zur Hohepriesterweihe gelangt ist) eine Art televisionären Bücher-Kanon für die entgeistigte Gegenwart etabliert.

Dabei verachten oder bekämpfen die ICHlinge das Bildungsbürgertum nicht. Sie sind geschickter: Sie ebnen es ein, indem sie es aus seinen Verankerungen herauslösen und zur Verwertung freigeben; indem sie seine Werte adaptieren, es seinen Gegenwerten gleichstellen und also neutralisieren. Sie ignorieren das Klassische, weil ihnen nichts Überbrachtes mehr heilig ist. Bräuche werden zur Folklore und, vielleicht ironisch verwitzt, zum Stoff der Zitatkultur. Sie akzeptieren keinen Kodex, nur Kodierungen. Sie anerkennen Traditionen als Spielmasse ihrer erlahmten Phantasie. Willensfreiheit ist für sie die Freiheit, ihren Willen selbst bestimmen zu können. Sie üben Traditionsverrat und machen auf Neoromantik. Sie imitieren den Geist des Vergangenen. Und weil sie nicht zitieren können, ironisieren sie. Sie schaffen Bedeutungspopanze und lassen dieselben, nach Lust und Laune, einstürzen wie überflüssige Neubauten.

Als Manager ihres labilen und größenwahnsinnigen ICHs plündern die neuen Bürgerlichen den Fundus des Bildungsbürgertums, leben aber dessen Wesen nicht, weil sie es gar nicht können, weil ihnen das Pathos der Distanz, die Überlegenheit der Bildung, der Feinsinn des Philologischen, der universale Humanismus, die intellektuelle Bewußtseinschärfung, das einordnende Geschichtsverständnis, kurz: die metaphysische Substanz, fehlen. Weil sie weder die katholische Soziallehre noch die Philosophie des Liberalismus, am wenigsten die geistesgeschichtliche Lage des Parlamentarismus oder die antike Poetik kennen, weil sie in einem Regelkreis sich selbst entwertender Geltungen leben, wo nichts eine Konsequenz besitzt. Sie gefallen sich als kleine Bohèmiens und besuchen neu entstehende Literatursalons in Berlin oder Hamburg, als gälte Literatur noch etwas; sie zelebrieren Salondebatten am Kamin und tun so, als bräuchten die Heillosen den alten Geist fürs neue Heil. Aber die aristokratische, quasidandyistische Blasiertheit bleibt gespielt. Sie bleibt, wie auch die Bücher, die ihre Wirklichkeit zu reflektieren vorgeben, eine Prosa der Pose.

Was den postmodernen Zöglingen fehlt ist der heilige Ernst, da nichts mehr ernsthaft heilig und Ehrfurcht kein Wert an sich mehr ist. Das Spiel mit der Ehrfurcht aber ist Teil der Entertainmentkultur. Weltgeschichtlich betrachtet vergötzen die ratlosen ICHlinge der Spektakelgesellschaft nur die Soundbites eines gerade leergeträumten Augenblicks. Ihre Götter thronen weder im Himmel noch in der Kunst. Ihre Götter sind sie selbst.

Vielleicht ist das Radio das letzte Selbstverständigungsorgan des Kulturbürgertums. Vielleicht sitzen die letzten aktiven Bildungsbürger heute in den Funkhäusern und machen Radio für die letzten passiven Bildungsbürger der Neuen Republik. Das Radio ist das am meisten unterschätzte und am wenigsten beachtete Medium in der mediokren Mediokratie. Es ist das anspruchsvollste Medium, weil es das unzeitgemäßeste ist. Eines der unleugbaren marktwirtschaftlichen Gesetze ist, daß sich Qualität und Esprit niemals am Markt verhandeln lassen. Die eigentliche Klasse des Mediums Hörfunk muß also im Abseitigen, Besonderen, Stillen liegen. In der kulturellen Kompetenz.

In den Wortprogrammen von Deutschlandfunk, Bayerischem Rundfunk, Westdeutschem Rundfunk oder Südwestrundfunk etwa können letzte Reste eines absterbenden Phänomens erlebt werden: Blüten des Geistes. Die Kulturjournale und Nachtstudios dieser Republik, nach dem Krieg mit großen Köpfen wie Alfred Andersch angetreten, sind letzte Reservate waltender Intellektualität vor den Dringlichkeiten des banalisierten Oberflächenalltags. Radio ist Rekurs. Eine Form von kulturellem Radikalismus. Im Radio gilt nichts als das Wort. In einer Kultur des Bildes ist das eine Unerhörtheit.

Fürs Radio braucht man die Gabe des Hörens. Hören können heißt sich hingeben können. Hingabe erfordert Muße. Radiohören zwingt dazu, sich dauerhaft auf eine Sache einzulassen – mit allem Recht zur Faulheit. Müßiggang ist eine Kunst und Hören eine Schulung des Zuhörens in der Epoche des bestürmenden Lärms. Der Hörer ist nicht Konsument, er ist noch Kommunikationspartner. Hören wird Sehen, Sehen Imaginieren. Akustisches wird bildliches Vorstellen, sinnliche Wahrnehmung Verstehen. Ein psychophysischer, mehr noch: ein bewußtseinsphilosophischer Vorgang. Am Ende der investierten Hörzeit steht ein Gefühl für die kulturelle Bedeutung des Themas, und der Hörer mag darüber ruhig geworden sein und klüger und vor allem gelassener. Er hat erfahren, was Zeit im Raum bedeutet, er hat sich eingelassen auf die Imagination und auf sich. Er hat sich der gefüllten Stille des Raumes hingegeben. All das ist erhaben. Es schmeichelt dem Intellekt. Es ist ästhetischer Genuß. Versessene Sprecher adeln jede Silbe, ihre Stimmen zelebrieren das Wort, feiern die Interpunktion, und wenn der Text dicht ist und die radiophone Darbietung diese Dichte durch Synkopen und bewußt gesetzte Pausen rhythmisch neu erfindet, wird ein Hörfunkstück zum leiblichen Ereignis, dann spüren wir etwa die Lust, die Laszivität und den Schrecken im »Mythos Frau«, 60 Minuten Interaktion vor dem Radiogerät, dann haben wir selbst Kunst produziert, als Adressaten in einer kommunikativen Vereinbarung mit dem Sender, die zur Gemeinschaft wird durch die Kunst des Hörens.

Hörstückemacher sind in der Regel universell interessierte Geister an allen Wahrnehmungs- und Gestaltungsformen. Sie sind aussterbende Betrachter und Beobachter des Gewöhnlichen und seiner Pretiosen, und sie beobachten genauer, weil sie um die Flüchtigkeit ihrer rasch versendeten Beobachtungen wissen. Sie wissen um die Ungeduld der auf Häppchen konditionierten Gesellschaft, sie wissen um die schiere Unmöglichkeit, das sichtbare Bild zu schlagen, und müssen um so raffinierter am metaphorisch oder akustisch vermittelten Weltverständnis feilen. Sie müssen den Spagat leisten zwischen Eingängigkeit und Leichtigkeit.

Im Kulturradio wird das kulturelle Erbe eingesendet und der Schatz des fast Vergessenen in der Grammatik der Gegenwart gedeutet. Der Hörer geht auf Reisen in die Ferne wie in die Nähe, mit der Eisenbahn durch Sibirien und mit dem Verstand durch die eigene Gottlosigkeit; er wandert auf akustischen Expeditionen nach Terra incognita, ins magische Nichts von Patagonien und die Mystik Finnlands, und immer hört er die originalen Stimmen der Zeugen von Zeiten und Geschichten, die Stimmen der am Rande der Massenwahrnehmbarkeit, auf den Seitenpfaden des Boulevards Schaffenden: der Schriftsteller, Künstler, Jazzsänger und Bluesgitarristen, der Tenöre und Mezzosopranistinnen der Alten Republik.

Vielleicht ist das Kulturradio, neben wenigen ausgewählten und immer weniger auszuwählenden Zeitungsfeuilletons, die letzte souveräne und respektvolle Verständigung derer, die Niveau wollen, mit denen, die Niveau produzieren. Eine Verständigung über geistige Verfassungen und Kulturwerte in Interviews, Gesprächen, Debatten mit Autoren, Theatermachern, Architekten, Theologen, mit Reisenden und Erkennenden. Noch stehen die Jagdgründe der halb- oder dreiviertelstündigen Features unter Denkmalschutz, noch läßt man hier und da Hörspiel und Medienkunst gewähren und gönnt sich experimentellen Eifer im Aufspüren neuer Formen und Sprachen. Das Nachdenken über sich aber dünnt aus. Es wird zu einer stets wehmütigeren Angelegenheit. Der Leidensdruck steigt, und unaufhaltsam rücken die Technokraten heran. Im Norddeutschen Rundfunk sind seit kurzem die Rezensionen verschwunden. Bald sind es die Bücher. Und dann ist es das Wort überhaupt.

V. Pfade nach Utopia

WIR. Fragmente einer Identität der Zukunft

Wie soll auf den Wechsel, auf den Wandel der herkömmlichen Ordnung reagiert werden? Welchen Weg streben die Vertreter der krawattenlosen Bürgerlichkeit an, die sich an keiner Tradition mehr messen wollen? Welche Art Wissen vertreten die Totengräber des Bildungsbürgertums, da die humanistische Veredelung perdu und kein ICHling Ciceros Reden mehr auf lateinisch zu rezitieren in der Lage ist? Welche geistige Behausung baut sich die Café-latte-, Sushi-, Maki-, Buddha-Lounge- und Chillout-Kohorte und ihre nach Sinn tastenden Bricoleure, die wissen, daß sie keinen Anspruch auf Geborgenheit, kein Recht auf eine berechenbare Biographie mehr haben?

Vielleicht ist der ICHling nichts Besonderes. Vielleicht haben andere vor ihm auch so oder ähnlich gedacht, gehandelt, geträumt, gelebt. Vielleicht ist *vielleicht* das Wort der postmodernen Epoche. Der Unterschied zu früher aber ist: Wir leben dieses Vielleicht. Wir verkörpern es geradezu. Das Leben im *Vielleicht* ist für uns selbstverständlich.

Vielleicht sind wir aus Angst vor der zu großen Welt zu Verwaltungsbeamten eines zu kleinen Lebens geschrumpft. Das wäre bedauerlich. Nun gilt es, wieder *etwas* zu wollen. Wir brauchen weniger *vielleicht*. Wir brauchen mehr Schiller.

2005 war in viererlei Hinsicht ein Jubiläumsjahr. Der postmodern verortete Zögling wurde 20, man feierte Thomas Manns 50., Anton Tschechows 100., und Friedrich Schillers 200. Todestag. Alle vier Ereignisse hängen miteinander zusammen. Genau genommen hängen sie ineinander.

Es läßt sich sagen, das ausführliche Gedenken an die Todestage der großen Wortkünstler Mann, Tschechow und Schiller zeige die Sehnsucht nach Stil, Form und Geist im Zeitalter des Totalboulevards. Man könnte ebenso gut sagen, über diese Sehnsucht offenbare sich geradezu der eminente Verlust an Stil, Form und Geist. Der letzte Bildungsbürger könnte anfügen, dies stelle die Entgeistigung der Gegenwart geradezu exemplarisch vor Augen. Er könnte auf den Verfall verweisen, auf die vermeintliche Verrohung, die Kulturvergessenheit und Herkunftsgleichgültigkeit. Man könnte es aber auch wenden und sagen: Schiller, Tschechow und Thomas Mann bieten sich an für die Gestaltung einer neuen Welt durch die Zöglinge der Neuen Bürgerlichkeit. Sie sind uns näher als vermutet.

Thomas Mann, letzter deutscher Repräsentant des bildungsbürgerlichen Weltbürgertums, erschuf einen Kosmos zarter, feiner und feinster Ironie gegen die Zumutungen des tragischen Alltags, ohne den Lebensernst zu verraten. Anton Tschechow, moderner Ahne postmoderner Erschöpfung und Ratlosigkeit, intonierte in seinen Stücken das lakonische Drama des geistig unbehausten ICHlings, dem außer Posen nichts geblieben ist. Friedrich Schiller, der neben Goethe zweite Säulenheilige des klassischen Pantheons, propagierte das Ideal des freien und moralischen Menschen in der Erziehung durch Kunst und Kultur.

Begreift man das vierfache Jubiläum aus jenem Jahr mit der Logik des ICHlings, könnte man Thomas Manns Ironievermächtnis als Haltung gegen Dogmen und fixierte Wahrheiten lesen, Tschechows Erkenntnis der Erschöpfung als Ende der Ideologien, Schillers Pathos der Vernunft als postpostsäkulares Angebot für künftige Überlegungen zu Moral und Ethik. Gegen die rasante Beiläufigkeit der Gegenwart, gegen den Jargon der Medien und die plappernde Sprachlosigkeit des Boulevards ist jede Klassik wort- und machtlos. Was Schiller die Neue Bürgerlichkeit aber lehren kann ist Leidenschaft. Wille zur Tat. Mut zur Utopie. Auch wenn heute keiner mehr an die Reinform menschlicher Vernunft glaubt – Schillers fast schon überspannter, zuckersüßer, von wenig Wirklichkeit behelligter Idealismus stellte letztlich auf zwei Werte ab, die in jedem Fall als Grundlage eines neuen Zeitgeistes tragfähig wären: Hoffnung und Freude.

Neuer Nullpunkt

Für die zur Selbsterstarrung individualisierten Passanten des Totalboulevards gilt es nun, nach der Verschuttung der alten Kanones, eine neue, eine eigene kulturelle Tief- und Hochbaustatik zu entwerfen und einen Strauß an vernehmbaren Positionen zu flechten. Vornehmheit und Zivilcourage sind durchaus edle, allerdings überlebte, letztlich zu klein geratene Hülsen der untergehenden Republik, die die Optionen des ICHlings nicht mehr zu fassen vermögen. Statt ihrer könnten drei andere durchaus altmodische Begriffe im Zentrum eines zeitgemäßen Ethos stehen: Wahrhaftigkeit, Achtsamkeit, Demut.

Wahrhaftigkeit hieße, unbestechlich zu bleiben und auf der Grundlage des selbst erworbenen Wissens und der eigenen Reflexion ohne Rücksicht auf moralische Chiffren ein Urteil abzugeben, das beständiger und nicht nur zynischer Art ist. Vertrauen ist nur durch Wahrhaftigkeit möglich. Ohne Vertrauen zu sich und in die Funktionstüchtigkeit des Systems ist ein gutes Leben nicht führbar. Wahrhaftigkeit ist die Voraussetzung für ein gelingendes Leben im gesellschaftlichen Großraum.

Achtsamkeit hieße, den eigenen Raum im Großraum zu verteidigen, andere Räume nicht zu verletzen und fremde Räume als gleichwertig zu respektieren. Das setzt die Fähigkeit zu Umsicht und Empathie, der Eigenschaft des Sich-Einfühlens, voraus, eine Tugend, die für das Leben der globalisierten Zukunft unabdingbar sein wird. Die Westeuropäer leben in immer größeren, heterogeneren, sich verdichtenderen Städten, in denen Menschen aus unterschiedlichen Kulturen der Erde auf engstem Raum einander begegnen und kulturell herausfordern. Das verlangt Sensibilität für das Verhältnis von Distanz und Nähe.

Demut meint die eingefühlte Ein- und nicht Unterordnung des Ichs in eine größere Einheit. Es meint die Einfühlung in soziale Körper und Seelen und zeigt, ohne christlich-dogmatisch oder spirituell verbrämt zu sein, den Grad sozialer Kompetenz an, ohne die innerer und äußerer Friede nicht möglich ist. Demut heißt auch, die Wahrnehmung der eigenen Person nicht zu übertreiben und sich vor der Verabsolutierung des eigenen Ichs in seiner Eitelkeit und vor der durch den Zwang zur Selbstinszenierung übersteigerten Egomanie zu schützen.

Alle drei Begriffe zusammen bilden eine Basis für das, was uns am meisten zu fehlen scheint: Haltung. Wer Haltung hat, evoziert Respekt. Respekt gebiert Wertschätzung. Wertschätzung schafft soziale Anerkennung. Wer anerkannt wird, kann sich einfühlen. Wer einfühlt, lebt in Verantwortung.

Achsenwanderung

Täuschen alle Beobachtungen nicht, verläßt die Republik Millimeter um Millimeter ihre Achsen, und das Pendel schlägt, langsam aber sicher, zur Antithese aus. Das Bedürfnis nach Langsamkeit und Länge, nach Substanz, Qualität, Tiefe und Authentizität scheint zu wachsen, die Sehnsucht nach geistiger Führung, nach Entwürfen und Ideen einer angemessenen Zukunft, nach Besinnung und Sinnlichkeit. Dies ist die Schnittstelle, an der die postmodernen Zöglinge sich aufzumachen haben, die Neue Republik zu gestalten.

Sie dürfen die Deutungshoheit über die Res publica nicht mehr den Vertretern der Alten Republik überlassen, nicht den unzeitgemäßen Parteimenschen, auch nicht den Jusos, Julis und Jungunionisten, nicht den Weichspülern der Generation Z, nicht den Emotionsjournalisten und Dünnbrettbohrern und Schwätzern der Generation Golf. Jene, die sich in Feuilletons oder Büchern äußern, sind dieser Tage ja zumeist Befindlichkeitsprosaiker. Da geht es um Geschmack, um Hüllen, Hülsen und Design. Um ein Anliegen geht es nicht. Kritische Köpfe von heute aber müssen ein Anliegen haben. Sie müssen Grundsätze verhandeln. Grundsätze sprechen. Grundlegende Sätze. Sie müssen klären, welche Gesellschaft sie wollen, unter welchen Bedingungen, auf welchen kulturellen Grundlagen.

Das Problemtableau der nahen Zukunft ist hinlänglich bekannt: die Unfinanzierbarkeit des Sozialsystems, die biotechnische Retuschierung des herkömmlichen Menschenbildes, die fortschreitende Verrationalisierung, die Herrschaft der Oligopole, das Verschwinden alter Traditionen bei gleichzeitigem Ausbleiben neuer Schmierstoffe. Die Bevölkerung schrumpft, die Lebenserwartung steigt, die Gesellschaft überaltert, Nachwuchs fehlt, und wir stehen vor der Frage, welche Risiken und Lasten die Gemeinschaft, welche der einzelne tragen soll.

Wie also deklinieren wir »gelingende« Gesellschaft? Wie definieren wir Solidarität? Was heißt für uns soziale Gerechtigkeit? Was Gleichheit? Tragen wir chronisch Kranke mit? Wo beginnt, wo endet das Leben? Was ist »gutes« Leben? Was ist uns noch heilig? Was heißt Öffentlichkeit und Diskussion in der Mediokratie? Wer organisiert, wer überwacht die allgemeine Vernunft? Wie denken wir Freiheit? Was verstehen wir unter Bildung? Wer soll uns repräsentieren? Was anerkennen wir als notwendig? Welche Sprache wollen wir sprechen, welche Zeichen setzen, welche Signale senden? Kurzum: Können wir unser Herz in die Waagschale werfen oder gefallen wir uns, eine Krankheit, die sicher zum Tode führt, in unserer romantisch umflorten, wohlfahrtsstaatlich noch immer abgesicherten Ratlosigkeit?

Appell ans kritische Bewußtsein

Wir Unbehausten und Verstoßenen, wir postmetaphysischen Boulevardpassanten und neubürgerlichen ICHlinge aus den deutschen Provinzen und Metropolen müssen mit Fug und Recht zu Kulturkritikern in eigener Sache werden – nicht ideologisch, nicht affirmativ, sondern mit geneigter Sympathie und wohlwollender Zuversicht. Ein Appell an Kulturkritik im Sinne der Neuen Bürgerlichkeit ist ein Plädoyer fürs kritische Bewußtsein, für Selbstdenkerei. Für Haltung.

Das bestehende System soll ja keineswegs gebeugt, aus den Angeln gehoben, durch ideologische Modelle ersetzt oder als Spielwiese für hypertrophe Phantasien begriffen werden; wir brauchen den Staat für unsere Zukunft, wie der Staat uns für seine braucht. Und Konsumkritik auf dem Rücken einer Kultur des Konsumismus auszutragen, ist in diesen Tagen kein Verstoß gegen die Logik, weil Widersprüche unser Leben sind. Als Neue Bürgerliche können wir freilich ein Ethos entwerfen, das dem Spießer im Marburger Vorort ebenso behagt wie dem antriebslosen Normalo in Schwäbisch Gmünd, der graumäusigen Angestellten in Fulda, Gera oder Wilhelmshafen, dem Möchtegern-Bohèmien im Hamburger Café Paris und dem frei flottierenden Hartz-IV-Atom mit polynesischem Rückentattoo, das zwischen Berlin/Friedrichshain und Ibiza sein Leben auspendelt. Wir haben eine neubürgerliche Substanz zu generieren, die ohne die Werte des herkömmlichen Bürgertums auskommt. Unsere Aufgabe wird sein, aus dem Heterogenen eine neue Kommunikationskultur zu entwickeln: den Anderen mit einbeziehen, das Andere verstehen, vom Anderen lernen. Wir haben *think tanks* zu bilden und eine Idee von Bildung zu schöpfen, welche nicht länger die massenhafte Anhäufung und Reproduzierbarkeit seelenloser Fakten sein kann. Bildung muß die bildnerisch-ästhetische, die eigengeistige: die auto-poetische Durchdringung der Wirklichkeit sein, mit seelischer und leibhaftiger Hingabe an das dichtverfugte oder aus den Fugen geratene Leben.

Wir, in Wohlstandskultur und Sehnsuchtslosigkeit, auf dem Totalboulevard und in der Mehrdeutigkeit erzogen, sind also aufgerufen, mit Ideen und Projekten so etwas herzustellen wie den öffentlichen Geist: die Res publica – die Sache, die uns alle angeht. Wir haben der zersplitterten Wirklichkeit einen Entwurf entgegenzuhalten, und dem neuen Halt muß Haltung folgen. Wir haben uns zu finden, zu diskutieren, uns zu verständigen und formulieren. Wir haben interdisziplinär zu reflektieren und diszipliniert zu handeln. Wir haben eine Ethik des Streits und Widerstreits zu entwickeln, abseits vereinzelter Stiftungen, Akademien und virtueller Weblogs, Salondebatten, Gesprächskreise, Foren und Themenabende zu etablieren, wo Dreißigjährige unterschiedlichster Art zusammenkommen: Astrophysiker, Gentechniker, Psychotherapeuten, Luft- und Raumfahrttechniker, Werbegrafiker, Feuilletonisten, Verlagslektoren, Scheidungsanwälte, Kulturwissenschaftler, Umweltschützer, Wirtschaftsinformatiker, Moraltheologen. Wo nach einem kohärenten Weltbild gesucht wird und Erkenntnisse zur Diskussion gestellt werden. Das interdisziplinäre Gespräch muß angestoßen und dann institutionalisiert werden, die polyphone Rede in ungebremsten Gang kommen. Und auch wenn das Ergebnis kein Manifest oder Kommuniqué füllt, so werden die Redakteure unter uns die Ideen in Themen umsetzen, die Wissenschaftler unter uns entsprechende Forschungsanträge formulieren, die politisch Aktiven unter uns die Haltungen in die Parteiforen tragen können. Es muß wieder Selbst- und Querdenker geben, und wir können getrost den Aktivitäten des jungen Südfranzosen Franck Biancheri und seiner träumerischen Idee des »Newropeans« applaudieren, der ersten transeuropäischen Bürgerbewegung, die die Europäische Union mit einer simplen Utopie revolutionieren will: Europas Bürger sollen Verantwortung für die Belange von Europas Bürgern übernehmen.

Den postmodernen Geist zeichnet ja im mindesten eines aus: Er ist in der Lage, das Unmögliche zu wollen, weil wir, seine Kinder, wie niemand sonst wissen, daß alles möglich *scheint*. Wir müssen nur das Wollen wollen.

Der ICHling als Scharnier

Es ist, als finde die Dialektik der jüngeren Republik-Geschichte in uns ihre Aufhebung. Wir könnten in der Ära der gefallenen Gewißheiten, des Politainments und einer Neuen Bürgerlichkeit, das Scharnier zur Versöhnung von antibürgerlichem achtundsechziger und von bundesdeutschem Bildungsbürgertum sein. Wir gehören keiner der Gruppen an und verkörpern etwas Neues: ihre Synthese.

Jeder ICHling hat seine kleine ICH-AG zu verhandeln und seine geistigen Aktien einzubringen in eine Art *Berliner Republik GmbH* (Gesellschaft mit bewußter Haltung). Wir müssen Anspruch aufbieten und Ansprüche formulieren, eine eigene Sprache, einen eigenen Ton finden, wie es die Leipziger Jungmaler tun, wie es Bands wie Silbermond, Wir sind Helden oder Gustav tun, wie es mehr Autoren tun würden, hätten mehr Verlage und Chefredaktionen mehr Mut zum Unkonventionellen, Experimentellen, Unkonformistischen. Geist keimt nicht auf den glitzerlichtgeschmückten Holzwegen des Boulevards. Geist braucht dämmrige Nischen. Je mehr heterogene Nischen, desto stärker eine Kultur, die sich verstehen kann als Homogenität des Heterogenen.

Unter uns sind jene, die Medien- und Kommunikationswissenschaft statt Literatur- und Geschichtswissenschaft studiert haben. Unter uns sind die, die jetzt in den Zeitungsredaktionen und Programmabteilungen des Fernsehens sitzen, die Themen setzen und an Schrauben drehen können; die in den großen Banken Assessmentcenter organisieren, internationalen Nachwuchs rekrutieren und einen geistigen Typus fördern können; die an den Gymnasien Referendariate ablegen und Geschichts- und Sozialkundeunterricht übernehmen; die Unternehmen beraten und Wirtschaftsethiken formulieren; die Musik komponieren, Filme drehen und die Sehnsüchte der Gegenwart in die Kunst tragen. Wir müssen undeutsch werden, spielerisch ernst, wir müssen uns für uns begeistern. Eingeklagt werden muß deshalb das Recht auf Scheitern, denn nur im Angesicht des Scheiterndürfens ergreift man Chancen, wagt Würfe und Entwürfe. Unser Potential ist groß genug. Die Zerfallserfahrung stiftet an. Pragmatisch genug sind wir. Ernüchtert genug auch.

Jetzt kommt es darauf an, einen erklärten Willen zu erklären. Haltung wahren. Meinung äußern. Eliten bilden. Dem Geist eine Rolle geben, und die Rolle des Geistes definieren, die Aufgabe der Schrift, die Macht des Vor- und die Tiefe des Nachdenkens bestimmen.

Aus unserer Mitte sollen Exponenten heraustreten in den öffentlichen Raum und als Stimme der Kohorte Verantwortung übernehmen. Sie sollen das Politische verstehen als symbolische Repräsentation des neubürgerlichen Individuums, dem im Zweifel die negative Freiheit zu sichern, ansonsten jedoch freie Hand zum wilden Wagnis zu lassen ist. Sie sollen aus den Entgleisungen der falsch verstandenen Postmoderne Lehren ziehen und eine Idee des Sozialen und der Gemeinschaft entwickeln. Sie sollen Attac und Greenpeace, Amnesty International mit den *think tanks* der Republik kurzschließen, den Diskurs moderieren, Thesen zuspitzen. Gern dürfen sie Lord Ralf Dahrendorf und Hans Magnus Enzensberger zu Vorträgen einladen, müssen loben oder widersprechen, es aber in jedem Fall unbeirrbar selber richten, denn sie arbeiten am Paradigma einer von Grund auf gewandelten Welt, ein fast anarchischer, jedenfalls freisinniger Zustand. Eine große Chance.

Wieviel Verwegenheit und Naivität mag in der, zugegeben, schwärmerischen Vorstellung stecken, ein Netzwerk des Niveaus zu bilden, eine unzweifelhafte Art neue Salonkultur zu schaffen, in der sich, in Biedermeierfauteuils niedergelassen sowohl wie in mit weißem Leder bezogene Sitzkissen gefläzt, Dreißigjährige eine Utopie vom Neuen Bürger in der post-postmodernen Gesellschaft entwerfen? Wie blauäugig mag der Wunsch sein, sich die Selbstverständnis-Entwürfe der französischen, der finnischen, der israelischen, der russischen, der türkischen Dreißigjährigen anzuhören? Und wie verwerflich wäre die Rückführung aller Diskussion auf einen Grundgedanken: auf die gemeinsame Suche nach der Verfassung der *globalisierten Seele*, ihren Ängsten und Bedürfnissen?

Letzte Fluchten

Nichts scheint dem in seiner erwachten Leidenschaft ungeschützten und in seiner Ratlosigkeit naßforschen Deutschlandvermesser letztlich ratsamer als ein Bekenntnis zum Pathos. Es gilt Pathos mit Pragmatismus zu versöhnen. Man mag das Ergebnis pragmatisches Pathos nennen. Es ist nicht im Schillerschen Sinne moralisch, was ein allgemeingültiges Werturteil voraussetzen und das Gebot der wertfreien Gelassenheit verletzen würde. Sehr wohl im Schillerschen Sinne aber ist es eine Leidenschaft für die unbestechliche Selbsterziehung des Menschen, für Lebenskunst statt Selbstverwaltung, für Wagemut statt Angst.

Keineswegs verzweifelte Rückwärtsgewandtheit oder quasiphilologischer Feierabendfrohsinn scheint es, die ganz und gar aufgeregte, in den Wahnsinn beschleunigte, hysterisch gelähmte Gegenwart am Vermessungsende mit einem Plädoyer für zwei große Tote samt Denk- und Sittenschulen zu bereichern und als Referenzquelle spätmoderner Ethik vorzuschlagen: Erasmus von Rotterdam und Marc Aurel; den Humanisten und den Stoiker.

Emanzipation des Subjekts, Willensfreiheit, Toleranz und Offenheit waren die Hauptmotive des Erasmus, die Freude am Geistigen, das Aufleben einer fruchtbaren Freizügigkeit auf künstlerischem und geistigem Gebiet bei gleichzeitiger Zunahme von Wissen. Wissen nicht als Angelegenheit einer hoch komplexen Ausdifferenzierung verstanden, sondern als Selbsterkenntnis und Sinn von Geschichte; das lebendige Begreifen der Kon- und Subtexte des Lebens durch Erfahrung; die kulturelle Erziehung des Menschen abseits von PISA und Bachelor.

Die Fähigkeit des ICHlings zum Eklektizismus, zum Existieren in der Mehrdeutigkeit, könnte ihn zu einem neohumanistischen Bürger par excellence ausbilden, der ein Bewußtsein für die Unabhängigkeit der Vernunft gegenüber jeglicher Autorität hat. Der Erasmus-Mensch ist nur seinem Gewissen verantwortlich, und er schafft sich die Bedingungen für die freie Entfaltung seiner schöpferischen Kräfte. Er läßt den Popanz zusammenfallen und wendet sich der Sache selbst zu. Er geht zurück zu den Urformen. Mit Sinn. Verstand. Und neuer Sprache.

Marc Aurel und die Stoiker des spätantiken Griechenland erkannten als Grundlage jeder Ethik die völlige Souveränität der menschlichen Seele. Die »Seele«: tief bis auf den Grund, von Affekten und Trieben nicht aus der Ruhe zu bringen, beherrscht wie ein gestilltes Meer. »Umgrenze die Gegenwart«, rät der römische Kaiser und will sagen: Gräm' dich nicht über Vergangenes, und sorge dich nicht um Zukünftiges. Lebe in der Gegenwart, nicht nur (aber auch), um sie zu genießen, vornehmlich aber, um die Pflicht gegenüber den Mitmenschen zu tun.

Pflicht?

Erstens, führt Aurelius im 12. Buch der Selbstbetrachtungen aus, soll nichts aufs Geratewohl und nichts ohne Zweck und Ziel getan werden und zweitens das Streben auf nichts anderes gerichtet sein denn aufs Gemeinwohl. Drittens: keinem Vorwürfe machen, denn Gram und Zorn sind Zeichen der Schwäche (Nörgeln und Jammern, fügt der postmoderne Stoiker an, desgleichen). Viertens: belehrbar bleiben durch das Bessere. Fünftens: in Aufrichtigkeit leben. Sechstens: unerschütterliche Ruhe walten lassen gegenüber den Ereignissen, die eine äußere Ursache haben. Siebtens: Gerechtigkeit im Handeln üben, soweit es in einem selbst den Ursprung hat. So schreibt er: »Alles in Wandlung; auch du in ständiger Wandlung und in gewissem Sinne im Untergang, und ebenso der gesamte Kosmos.« (sic)

Die stoische Weltanschauung, die zu geistiger Reife durch Selbstbeherrschung führt, trägt ebenso hellenische, orientalische wie simitische Elemente in sich. Sie ist anthropozentrisch, in höchstem Maße sozial und also interkulturell tauglich. Sie vertritt einerseits eine ausgeprägt individualistische Ethik, die den einzelnen ganz auf sich selbst stellt, knüpft das Individuum andererseits an die »Weltvernunft« an. Philanthropie, die Liebe zum Menschen, ist die eine ihrer wesentlichen Eigenschaften; die Idee der Humanität, nach der alle Menschen Kinder *einer* großen Gemeinschaft sind, die andere.

Als Ethik der subjektiven Gelassenheit und gesellschaftlichen Verantwortung könnte der Stoizismus in der globalisierten Welt von großem Wert für gegenseitige Achtung, Umsicht und Friedfertigkeit sein. Imperialisten, Kriegstreiber, Terroristen, Zerstörer, Zuhälter und Zyniker werden sich bei solch lieblichen Vorstellungen freilich ins Fäustchen lachen. Aber wenn, sagen wir optimistisch, nur *ein* Fernsehdirektor oder *ein* Präsident oder *ein* Aufsichtsratsvorsitzender eines *global players* nach den Maßgaben von Wahrhaftigkeit, Achtsamkeit und Demut handelte, wäre manches gewonnen. Zumindest Vorbildlichkeit. Auf jeden Fall die Einsicht, daß sich Geist und Sittlichkeit nicht am Markt verhandeln lassen.

In summa, da ist sich der postmoderne Zögling, der den Vorwurf der wohlfeilen Weltfremdheit vorausahnt, durchaus sicher: Ein bißchen mehr Lob des Müßiggangs und Erziehung zu Muße wäre nicht verkehrt, ein bißchen mehr von jenem Geist, aus dem heraus Bertrand Russell einst träumte: »Wie schön müßte es in einer Welt sein, wo niemand an der Börse handeln dürfte, der nicht ein Examen in Volkswirtschaft und griechischer Dichtung abgelegt hat, und in der die Politiker gezwungen wären, über angemessene Kenntnisse der Geschichte und modernen Literatur zu verfügen.«

Morgenröte

An der Hamburger Außenalster, Höhe Schwanenwik, steht seit 1996 eine Bronzeskulptur mit Körperhohlform zum Gedenken an den Autor Wolfgang Borchert, 1921 in Hamburg geboren, 1947 in Basel gestorben. Eingraviert ist, auf der Vorderseite, sein Vermächtnis:

»Wir sind die Generation ohne Bindung und ohne Tiefe. Unsere Tiefe ist der Abgrund.«

Und auf der Rückseite: »Wir sind eine Generation ohne Abschied, aber wir wissen, daß alle Ankunft uns gehört.«

Wir postmodernen Zöglinge sind die Generation ohne Bindung und Tiefe. Unsere Tiefe ist die Zuversicht. Alle Ankunft könnte uns gehören. Die Generation der Ungenerierten hat Erhebliches zur Res publica, zum Wohl der Gesellschaft beizutragen. Sie hat Kraft, Geist, Lust, und sie hat den Mut der Verzweifelten, die Bescheidenheit der Ratlosen, die Klarheit der Ernüchterten, die Freiheit der Unbelasteten. Sie kann den Wandel gestalten.

Lasset Hoffnung und Freude walten!

Und bleibet gelassen.

PIPER

Hannah Arendt
Über das Böse

Eine Vorlesung zu Fragen der Ethik. Aus dem Nachlaß
herausgegeben von Jerome Kohn. Aus dem Englischen
von Ursula Ludz. 208 Seiten mit einem Nachwort von
Franziska Augstein. Gebunden

Das Denken der großen deutsch-jüdischen Philosophin Hannah Arendt ist aktueller denn je. Vor dem Hintergrund des
Eichmann-Prozesses und der »Verbrechen, die niemand für
möglich gehalten hätte«, denkt Hannah Arendt 1965 in
einer New Yorker Vorlesung über Fragen der Ethik und vor
allem über das Böse nach. Eine Ethik »nach Auschwitz«
kann, so Arendt, nur auf dem Denken und Erinnern gründen.
Denn die größten Verbrecher sind, so sagt sie, diejenigen,
die beides verweigern. Ein wichtiger Text zu einem zentralen
Thema im Werk Hannah Arendts wird hier erstmals auf
Deutsch zugänglich gemacht.
Franziska Augsteins Nachwort »Taten und Täter« nimmt
Arendts Argumentation auf und führt sie weiter zum Thema
Widerstand.

01/1545/01/R